促进企业间款项及时支付制度研究和国际借鉴

基于政府和市场关系的视角

陈大鹏◎著

中国言实出版社

图书在版编目(CIP)数据

促进企业间款项及时支付制度研究和国际借鉴：基于政府和市场关系的视角 / 陈大鹏著. -- 北京：中国言实出版社，2022.12

ISBN 978-7-5171-4323-9

Ⅰ.①促… Ⅱ.①陈… Ⅲ.①企业管理—应收账款—财务管理—研究—中国 Ⅳ.①F275

中国版本图书馆CIP数据核字（2022）第239806号

促进企业间款项及时支付制度研究和国际借鉴：
基于政府和市场关系的视角

责任编辑：王战星
责任校对：代青霞

出版发行：中国言实出版社
        地   址：北京市朝阳区北苑路180号加利大厦5号楼105室
        邮   编：100101
        编辑部：北京市海淀区花园路6号院B座6层
        邮   编：100088
        电   话：010-64924853（总编室）   010-64924716（发行部）
        网   址：www.zgyscbs.cn   电子邮箱：zgyscbs@263.net

经   销：新华书店
印   刷：北京虎彩文化传播有限公司
版   次：2023年1月第1版   2023年1月第1次印刷
规   格：710毫米×1000毫米   1/16   13印张
字   数：170千字

定   价：58.00元
书   号：ISBN 978-7-5171-4323-9

○—目 录

第一章　绪论

　　企业间业务往来形成各类应收/应付款项（receivables and payables）或称商业信用（trade credit），在合理范围内是正常的商业行为，且有研究表明，商业信用的合理使用具有提高企业资金使用效率、改善企业经营绩效、推动产业链上下游整合等功能（详见第二章"研究基础和文献述评"）。但是，如果企业间款项拖欠严重，将给相关企业带来较大资金压力，干扰正常市场秩序。尤其是企业间款项拖欠问题可能具有明显的"结构性因素"，占据市场优势地位、对供应链具有掌控力的企业可能"免费"占用供应链上中小企业的资金，加剧中小企业"融资难融资贵"的资金困境，中长期看也有损于优势地位企业自身的利益，且导致供应链效率损失、韧性下降。党的二十大报告强调，要优化民营企业发展环境，支持中小微企业发展，完善产权保护、市场准入、公平竞争、社会信用等市场经济基础制度，优化营商环境。解决企业间款项拖欠问题、促进企业间款项及时支付，事关民营企业、中小微企业发展，事关高水平社会主义市场经济体制构建，事关产业链供应链韧性和安全。

　　近年来，清理企业间款项拖欠问题成为稳定市场主体尤其是广大中小微企业的重要措施，也成为各地优化营商环境的重要工作。一是党和国家领导高度重视、亲自部署。2018年11月，习近平总书记在民营企业座谈会上指出，要高度重视"三角债"问题，纠正一些政府部门、大企业利用优势地位以大欺小、拖欠民营企业款项的行为。国务院常务会议多次就全国范围内的"清欠"行动做出具体部署。各地各部门围绕清理拖欠民营企业中小企业账款开展了一系列卓有成效的工作。工信部数据显示，截至 2019 年底，各级政府部门和大型国有企业已清偿民营企业中小企业账款 6600 多亿元，清偿进度约 75%。二是完善相关法律法规。例如，2020 年 7 月，国务院正式发布《保障中小企业款项支付条例》，规定机关、事业单位和大型企业不得要求中小企业接受不合理的付款期限、方式、条件和违约责任等交易条件，不得违约拖欠中小企业的货物、工程、服务款项。三是将"清欠"工作纳入中长期发展规划。例如，《中华人民共和国国民经济和社会发展第十四个五年规划和 2035 年远景目标纲要》要求"健全防范和化解拖欠中小企业账款长效机制"。四是将促进企业间款项及时支付、清理欠账写入重要政策文件。例如，国务院办公厅 2022 年 9 月发布的《关于进一步优化营商环境降低市场主体制度性交易成本的意见》明确要求："开展拖欠中小企业账款行为集中治理，严肃问责虚报还款金额或将无分歧欠款做成有争议欠款的行为，清理整治通过要求中小企业接受指定机构债务凭证或到指定机构贴现进行不当牟利的行为，严厉打击虚假还款或以不签合同、不开发票、不验收等方式变相拖欠的行为。"

本书围绕企业间款项拖欠现象，探索如下问题：为什么会存在企业间款项拖欠问题？为什么企业间款项拖欠问题更多表现为占据市场优势地位的企业拖欠民营企业特别是中小企业款项？从政府和市场关系的角度来看，在充分发挥市场作用的同时，政府可以通过哪些政策来促进企业间款项及时支付？

1.1 企业间款项拖欠的基本概念

"一手交钱、一手交货""钱货两清、概不赊账"等传统说法体现了各类主体在市场交易中对于交易结算的理想追求。但现实中，企业间款项拖欠问题已经如此普遍，以至于大多数企业对于较长的账期已经司空见惯，在商业谈判中"账期"往往是与"价格"同样重要的考虑因素。一笔赊销业务一般由以下流程构成：供应商发货，经过运输过程，客户收货；收货后，供应商开具发票，客户进行质检程序和发票确认，无误后进行发票记账（相当于正式确认该笔款项为应付款），应付日期由合同约定；达到应付日期后，财务协调资金付款，实际支付日期往往晚于应付日期。该过程可以用图 1.1 表示。

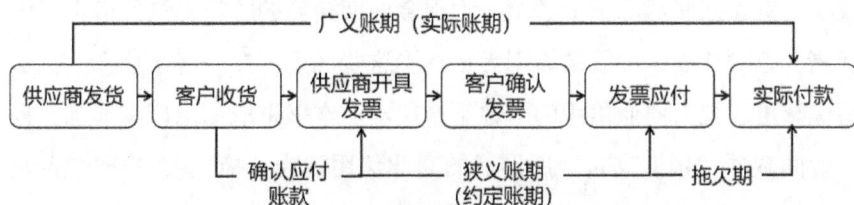

图 1.1　赊销业务主要流程

狭义的"账期"一般指从供应商开具发票到发票应付日期之间的时期，一般在合同中约定的账期即指该狭义的账期，企业"欠账"则是指超出约定的付款期仍不支付相关款项。在广义上，"账期"可以包括从起始"供应商发货"到最终"实际付款"的整段时期，企业"欠账"则包括企业在商业交易中所有延期付款（英文文献中一般称为 late payment）行为，既包括约定账期内的延期付款，也包括逾期不付款。客户延长账期的主要手段包括：（1）以质检等理由延迟确认收货和接收发票（尤其是当合同约定账期起点为"发票确认"时）；（2）在合同中约定更长的账期；（3）约定账期到期时拖欠付款。拖欠付款的方式除了直接拖欠，还包括给付"承兑汇票"（包括商业承兑汇票和银行承兑汇票）而非现金的间接拖欠，变相延长账期，汇票期限往往长达 6 个月甚至一年。

企业间款项延期支付与"商业信用"这一概念紧密相关。商业信用是指企业在商品或劳务交易中，以延期付款或预收货款方式进行购销活动而形成的借贷关系，是企业之间的直接信用行为或称"经营性负债"行为，主要包括应收/应付款、预收/预付款等具体形式。本书立足"促进企业间款项及时支付"这一现实问题，主要关注企业间应收/应付款等商业信用。在狭义上，只有当企业超过商业信用的约定期限仍不支付款项，才构成"拖欠"，形成"欠账"。但在广义上，使用商业信用而非现金结算这一行为本身也可视为"拖欠"。大量研究认为，商业信用本身不是"免费"的，而是一种债务融资工具，往往有其隐含的利息成本，例如某些情况下上游企业为现金即期结算的客户提供价格折扣等优惠，暂时挂账、后续结算则无法享受这些优惠，在经济学意义上，这些优惠可以视为商业信用的隐性利息成本。本书采取如上广义理念，将企业间款项"延期支付"所形成的商业信用视为"拖欠"，构成"企业间负债"，若多个企业之间互相拖欠则形成"三角债"。

1.2 企业间负债属于"经营性负债"

在资产负债意义上，企业延期付款行为体现为以商业信用为代表的企业间负债，可以用应收/应付账款、应收/应付票据以及其他应收/应付款等指标衡量。企业间负债是企业负债的重要组成部分，属于"经营性负债"，与贷款、债券等"金融性负债"有明显区别。近年来，中国非金融企业部门的"高杠杆"问题备受关注（纪敏、严宝玉和李宏瑾，2017；中国人民银行杠杆率研究课题组，2014）。[①] 从宏观角度，非金融企业部门负债与 GDP 的比值最常被作为"宏观杠杆率"的量度。根据国际清算银行（Bank for International Settlements，简称 BIS）的统计数据，2021 年末中国非金融企业负债与 GDP 之比为 152.8%，虽然较 2020年略有下降，也低于 2015 年至 2017 年的水平，但整体来看仍处高位，

---

①除非特殊说明，本书所指的企业均是指非金融企业。

明显高于美欧日发达国家（见图 1.2 所示）。这一比重在 2008 年仅为 93.9%，2008 年至 2011 年基本平稳，2012 年至 2016 年快速攀升，2017 年至今则高位震荡。需要指出的是，这里讨论的"企业负债"仅仅是指企业整体上对金融机构和资本市场投资者的负债，如银行信贷和债券等，而没有考虑企业之间的负债。同样，在研究微观企业杠杆率的文献中，往往是以"总负债与总资产之比"来衡量企业"杠杆率"（刘贯春、张军和刘媛媛，2018；钟宁桦等，2016），忽视了企业负债的结构性和异质性问题——企业负债中既包括金融性的负债（借款、债券），又有经营性的负债（企业之间的负债如应付账款，以及企业对员工的负债如应付职工薪酬等），两者具有显著区别。本书着眼于企业之间的负债，主体是各类应收/应付款。

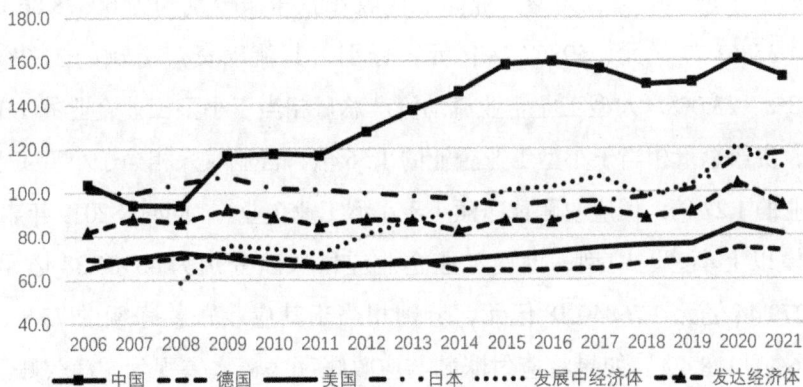

图 1.2　国际比较：非金融企业部门杠杆率（债务/GDP，%）

数据来源：BIS

企业间负债规模庞大且近年来增长较快。根据国家统计局数据，2021 年末规模以上工业企业应收账款净额[①]为 188730 亿元，占 2021 年末流动资产总量的 26.1%，占 2021 年营业收入总额的 14.8%，相当于

———————

① 按照相关会计准则，应收账款净额等于应收账款总额减去坏账准备，坏账准备是由于时间、信誉等原因，企业估计应收账款中收不回来的部分。

2021年末金融机构对企事业单位短期贷款的55.1%。而2010年末规模以上工业企业应收账款净额仅为61441.25亿元，不足2021年末水平的1/3，占2010年末流动资产总量和2010年营业收入的比例分别仅为22.0%、8.8%。

1.3 民营企业特别是中小企业被欠账问题突出

企业间负债的庞大规模和快速增长引发了各界的担忧，其中备受瞩目的一个问题是有市场势力的企业（大企业、国有企业）严重拖欠没有市场势力的企业（中小企业、民营企业）款项，表现为"款额大、账期长、要账难"。根据国家统计局和工信部数据，2019年末，规模以上小型、中型、大型工业企业应收账款净额分别为为60578.86亿元、35861.77亿元、59857.78亿元，分别占其流动资产总额的31.2%、26.3%、23.0%，大型工业企业流动资产总量相当于小型工业企业的1.34倍，资产总量相当于小型工业企业的1.56倍，营业收入相当于小型工业企业的1.27倍，但应收账款净额小于小型工业企业。[①]同时，2019年末，规模以上小型、中型、大型工业企业应付账款分别为45906.38亿元、34279.44亿元、76840.18亿元，分别相当于其应收账款净额的75.8%、95.6%、128.4%。如果将应付账款与应收账款净额之差视为"净欠账"，显然，大型工业企业是净值意义上欠账者，而中小企业是被欠账者。同理，2019年末，私营工业企业应收账款净额为48769.69亿元，国有工业企业应收账款净额为1237.13亿元，分别相当于其流动资产的29.6%、17.0%，而私营、国有工业企业应付账款分别为39279.73亿元、4008.54亿元，分别相当于其应收账款净额的80.5%、314%。显然，国有企业是

---

① 根据工信部中小企业局《2019年中国中小工业企业经济运行报告》，2019年，中小企业实现营业收入60.0万亿元，占规上企业营业收入的比重为56.7%，其中小型企业营业收入为36.1万亿元，推算大型企业营业收入为45.8万亿元。

净值意义上的欠账者，私营企业是被欠账者。

实际上，强势企业在商业信用方面"欺负"弱势企业，一直以来就是弱势企业的"心头刺"。为了避免破坏生意伙伴关系，弱势企业往往不得不为强势企业"免费"提供商业信用，承担其附加的融资成本。根据工信部中小企业局公布的相关数据，企业之间，尤其是大企业拖欠小微企业的资金问题十分严重，近六成的企业存在被买方拖欠货款的情况，这种拖欠还导致了"连锁拖欠"，直接导致约五成的企业拖欠其他企业账款，近两成的企业拖欠职工工资。拖欠的主要原因是市场公平交易法律制度尚不健全，处于市场优势地位者可以利用其优势地位迫使弱势地位者参与不公正的交易，导致弱势地位者的利益受损。[①]2021 年 12 月，《经济观察报》曾用"困在账期里"描述中小企业生存状况，其联合广东省中小企业发展促进会所做调研发现，逾七成企业遭遇款项拖欠，六成多的企业应收账款超 60 天，最长可达半年到一年。[②]

1.4 企业欠账已经成为一个全球性问题

近年来，企业欠账较为普遍甚至有加剧之势，大企业拖欠中小企业款项问题尤其突出。根据特许公认会计师公会（The Association of Chartered Certified Accountants，简称 ACCA）所做调研和整理，世界范围内的信用销售占总销售的一半以上，而所有信用销售中至少 30% 会发生拖欠问题（超出事先约定的账期付款），其中 16% 至 21% 会拖欠 2 个月以上（ACCA，2015）。根据 Hackett 集团的研究，2016 至 2017 年间美国 1000 家最大的上市公司普遍延长了账期，企业回款越来越慢成为一个趋势。[③]根据英国小型企业联盟（Federation of Small Business，简

---

① 详见工信部中小企业局编译的《国外防止延迟支付法律文件汇编》（2018 年版）。
② 参见 https://www.thepaper.cn/newsDetail_forward_15695320（最后访问：2022-07-10）。
③ 参见 https://www.pymnts.com/news/b2b-payments/2018/hackett-group-corporate-supplier-payments/（最后访问：2022-07-10）。

称 FSB）的报告，英国小型企业有 1/3 的应付款被拖欠，平均拖欠时间超过 1 个月；其中超过 60% 是被大型企业拖欠，接近 80% 的小型企业无法对拖欠款项征收利息（FSB，2016）。根据澳大利亚金融评论（Australian Financial Review）报道，2017 年澳大利亚是付款速度最慢的国家之一，平均拖欠时长为 26.4 天，其中最主要的拖欠方是大型企业和政府部门。[①] 企业间付款服务公司 Melio 在 2021 年针对美国小企业的调研发现，大多数小企业正常账款周期是 30 天，但有 1/4 的小企业表示其客户往往拖延 20 天至 30 天才能付款，超过一半小企业遭受大型企业欠账。[②] 根据欧盟调查，市场势力不平衡是导致款项拖欠问题的最为重要的原因之一，中小企业因为市场势力弱、担心破坏与大企业的生意关系，往往被迫接受更长的账期。[③] 2017 年英国工党领袖 Jeremy Corbyn 抨击大企业拖欠中小企业的行为是"国家丑闻"，认为这相当于大企业"免费借用"中小企业的资金，导致中小企业在支付员工工资及其供应商货款方面面临困难。[④]

企业被"欠账"对企业发展乃至存续造成负面影响。债务管理公司 Intrum 专门针对延期付款问题采访了欧洲 29 国超过 1.1 万家企业，其发布的《欧洲企业间付款报告 2022》指出，41% 的受访企业表示客户欠账限制了企业发展，26% 的受访企业强调客户欠账直接影响企业存续。[⑤] Melio 在 2021 年针对美国小企业的调研发现，44% 的企业表示客户

---

① 参见 https://www.afr.com/business/business-to-be-named-and-shamed-on-late-payments-to-small-firms-20181112-h17s75（最后访问：2022-07-10）。

② 参见 https://www.businesswire.com/news/home/20210512005058/en/Late-payments-by-large-firms-are-%E2%80%98deliberate%E2%80%99-and-harm-recovery-say-small-businesses（最后访问：2022-07-10）。

③ 参见 http://www.europarl.europa.eu/doceo/document/A-8-2018-0456_EN.html?redirect（最后访问：2022-07-10）。

④ 参见 https://businessadvice.co.uk/supply-chain/management/payments-scandal-its-not-late-payment-its-unfair-payment-terms-to-start-with/（最后访问：2022-07-10）。

⑤ 参见 https://www.intrum.com/publications/european-payment-report/european-payment-report-2022/（最后访问：2022-07-10）。

欠账对企业正常生产经营带来挑战，更有 30% 的企业强调客户欠账严重影响企业存续。

1.5 本书内容和结构

本书着眼于以商业信用（应收 / 应付款）为代表的企业间负债，从市场优势地位、公司内部治理、外部法制约束等角度分析企业间款项拖欠问题及其成因，并从政府和市场关系的视角探讨促进企业间款项及时支付的制度安排。本书主要论述了以下三点内容。

第一，本书首先从宏观视角，指出企业间款项拖欠规模大，且存在结构性问题，即占据市场优势地位的企业通过商业信用占用其他企业款项问题。

第二，本书利用上市企业和工业企业微观数据证明企业规模与应付款规模显著正相关，与商业信用净输出（应收与应付之差）显著负相关，这意味着大企业更容易"欠账"。这一方面不同于传统的商业信用"融资工具理论"预测（该理论认为，大型企业外部融资能力强，应该输出商业信用，实现资金的"二次配置"），也不同于较近的商业信用"企业发展阶段理论"预测（该理论认为，随着企业从小到大，当信贷约束时，规模越大、商业信用输入越多；当可以低成本借贷时，规模越大、商业信用输出越多）。进一步检验发现，往往被认为具有信贷优势的国有企业以及有息负债利率低的企业反而持有更多的应付款，净输出商业信用更少，且该效应对于不同的衡量方法和回归手段保持稳健，进一步强化了结论。

第三，本书构建了一个弱势供应商和强势客户（包括采购和财务两个部门）的博弈模型，论证企业内部各部门（采购部门和财务部门）摩擦导致企业不能有效承诺"准时付款"，供应链处于无效均衡，从而说明企业拖欠是一个公司治理问题，"损人不利己"。其核心机制是：财务部门有"延迟付款"以节省财务费用的激励，导致企业整体上无法有效承诺"准时付款"；预期到下游客户会"欠账"，处于充分竞争状态的供应商不得不在报价中包含"拖欠补偿"来覆盖其额外的资金成本；因为强势企业的资金成本往往低于其弱势供应商，该"拖欠补偿"超过了下游企业节省的财务费用，这意味着下游企业的拖欠行为推升了供应链整体的财务成本；采购部门基于最大化"毛利润"（预期销售价值与采购成本之差）做采购决策而不考虑企业"资金成本（或收益）"，加剧了财务部门拖欠付款导致的不良影响。整体来看，下游企业拖欠问题的根源是企业内部部门（采购部门和财务部门）之间的目标不一致、利益不匹配，是一个公司治理问题，在给供应商造成资金压力的同时，导致其本身利润低下、供应链处于无效率状态。在这个意义上，本书不同于传统的"市场势力"理论。传统"市场势力"理论认为，有市场势力企业的"欠账"行为节省了其本身的财务费用，增加了其供应商的财务成本，是"损人利己"的行为，本质上是利润在供应链上分配的"正常"表现。其主要问题是没有对"账期"和"价格"做整体考虑，对"欠账"问题的企业内部动因考虑不够。本书这一思路与近年来研究企业内部摩擦的文献紧密相关，也与"法与金融"相关文献中关于"好的法治环境在保护债权人的同时改善债务人福利"相关论述一脉相承。

本书也用企业微观数据做了实证检验。本书用上市企业数据、私营企业调查数据验证公司治理完善的企业应付款规模更少、净输出商业信用更多，证明企业拖欠是一个公司治理问题。同时，本书利用融资融券制度的逐步扩容作为准自然实验，发现企业成为融资融券标的后，其应付款规模下降。考虑到融资融券制度普遍被认为在改善定价效率、降低信息不对称、发挥外部治理机制等方面起到了作用，以上结果从侧面证明了企业拖欠是一个公司治理问题。另外，2018 年 11 月 1 日召开的"民营企业座谈会"上习近平总书记指示要"纠正一些政府部门、大企业利用优势地位以大欺小、拖欠民营企业款项的行为"之后，各部门、各地区密集出台和落实相关政策，企业拖欠问题得到了前所未有的重视。本书以"民营企业座谈会"作为政策冲击进行事件研究，发现之前"欠账"问题比较严重的上市企业反而获得了正向的价格冲击——这意味着，投资者预期这些企业未来在减少拖欠的同时可以改善利润，与我们的理论预测一致。另外，笔者还发现，企业社会责任履行质量更好的企业，应付款规模更少、净输出商业信用更多，这意味着企业拖欠问题也是不履行企业社会责任的表现。为了改善供应链上"欠账"问题导致的不效率，政府可以从外部进行约束，改善法治环境和营商环境。本书梳理西方国家在应对企业间拖欠问题上的法律法规（例如限制账期、要求延迟付款必须罚息等），并在此基础上根据中国实际提出政策建议。

本书结构如下。第一章绪论将对本书研究的主要问题做概论。第二章对涉及这一问题的文献做介绍和评论。第三章结合 20 世纪 90 年代清理"三角债"时期关于企业间负债的讨论和治理思路，分析当前企业间负债的规模和增速，指出当前企业间负债规模较大、近年来增速较快，且突出表现为强势企业拖欠弱势企业的问题。第四章实证检验强势企业拖延付款问题更为严重。第五章是本书核心，建立经济学模型分析强势企业拖延付款的机制，论证该行为"损人不利己"，是公司治理问题。第六章梳理西方发达国家应对企业间款项拖欠问题的相关措施。第七章分析了近年来我国治理企业欠账问题的政策努力，特别是新冠肺炎疫情暴发以来，企业经营难度加大，加大"三角债"问题死灰复燃的风险，各级政府加大"清欠"力度，把治理欠账问题作为帮扶中小企业的重要措施。在此基础上，本书也从政府和市场关系的视角，提出进一步促进企业间款项及时支付的政策建议。

第 2 章　研究基础和文献述评

　　企业间款项拖欠属于"企业间负债"的范畴。在文献中，企业间负债是一类"经营性负债"，区别于企业贷款、债券等"金融性负债"。本章首先从企业负债结构的理论和实证文献入手，说明研究企业负债中"企业间负债"的意义。接下来，重点关注商业信用相关理论，尤其是商业信用使用动机方面的文献。然后，讨论本书研究内容与"公司内部摩擦"以及"债权人保护"两支文献的关联。最后，在做系统梳理的基础上，进行文献述评。

2.1 企业负债结构

　　在传统的微观公司金融研究中，资本结构（capital structure）是重要研究内容，但往往仅关注狭义的"资本结构"，即负债和股权的选择，往往以"资产负债率"（或称"杠杆率"，即总负债与总资产之比）作为主要研究指标。例如，Booth 等（2001）进行了企业资本结构的跨国比较，采用"总负债/（总负债＋净资产）"和"总负债/（总负债＋股票市值）"来衡量"总负债率"。郭鹏飞和孙培源（2003）在研究中国有企业业资本结构的行业特征时用"总负债/总资产"来衡量资本结构，认为"总负债比率由于概念简单和容易界定而被国外大多数研究所采用"。这些文献的潜在假设是负债具有同质性。但事实上，企业往往持有不同种类的负债，这些负债在来源、期限结构、限制性条款等方面千差万别。如果忽视债务结构，我们对资本结构的理解就会大打折扣。

2.1.1 企业负债异质性理论和实证

本书与讨论企业负债异质性的文献一脉相承。近年来，在负债异质性理论（Diamond，1991、1993；Park，2000；Bolton 和 Freixas，2000；DeMarzo 和 Fishman，2007 等）的框架下，关于负债异质性的实证研究取得长足进步，主要集中在以下三个主题。

2.1.1.1 对负债异质性本身的定量研究

Rauh 和 Sufi（2010）细致分解了美国一组随机抽取的、有信用评级的上市企业在 1996 年至 2006 年间的债务结构，把债务分成银行贷款（bank debt）、债券（bond）、票据（program debt）、私人配售（private placement）、设备抵押债（mortgage/equipment debt）、可转债（convertible debt）以及其他债务等 7 类，发现 70% 的企业至少有两类主要债务，且有 25% 的企业出现过"债务总量不变，但结构发生显著变化"的情况。Colla、Oppolito 和 Li（2013）承接 Rauh 和 Sufi（2010）的研究，但把样本扩展到所有上市企业（包括没有信用评级的企业），发现 85% 的企业以某一种债务类型为主导，并把这种现象命名为"债务专业化"（debt specialization）。他们同样把债务分成 7 种类型，通过计算企业债务结构的 Herfindahl-Hirschman 指数（HHI）来衡量债务专业化程度。进一步的研究发现，不同类型企业的债务专业化程度不同：大型的有评级企业往往有着比较复杂的债务结构（与 Rauh 和 Sufi 相关研究结论一致），但是其他企业的负债类型比较单一。John 等（2018）进一步把样本扩展到全球，利用 46 个国家的数据，发现在债权人保护机制更为完善的国家，企业债务专业化程度更高（更依赖某一特定类型的债务），因为更强的债权人保护可以降低破产成本、增强债权人监管债务人的激励。此外，除债务种类的不同，同一种类债务在具体属性方面也存在很大差异。例如，从期限结构的角度，Choi、Hackbarth 和 Zechner（2018）利用 1991 年至 2002 年美国公司债券发行数据，构造了"债券到期日集中度"（corporate bond granularity）指标，衡量公司所发行债券在到期日分布上的集中程度。

2.1.1.2. 负债异质性的决定因素

部分文献认为，债务结构是内生决定的，取决于宏观环境和企业具体情况等。例如，涉及银行贷款（bank debt）和公共债券（public debt）的选择，Lin（2015）发现当企业持有的房地产价值升高时，银行贷款占总借款的比重会上升；Li, Lin 和 Zhan（2015）发现，当市场中信息不对称更加严重时，企业会用银行贷款替代公共债券，因为银行贷款对信息敏感度相对较低。涉及抵押借款（secured debt）和非抵押借款（unsecured debt）的选择，Vig(2013）发现当债权人获取抵押品的能力增强时，企业会更少使用抵押性借款（secured debt），因为保护债权人的措施增加了借款人的负债成本。涉及借款的期限结构，Choi, Hackbarth 和 Zechner（2018）发现，大型、成熟型、高杠杆率、低盈利率以及投资机会更好的企业，其债券到期日更为分散，且企业会主动管理债务到期日的分布。

2.1.1.3. 负债异质性的影响

Lou 和 Otto(2018）认为，债务异质性增加债权人协调难度、降低单个债权人激励，从而增大企业破产概率和成本，发现当现有债务异质性程度大时，企业新发债务会包含更多的限制性条款。Wang, Chiu 和 King（2017）认为，债务到期日的分散降低资金周转风险、增加银行的监管能力，发现当债务到期日更为分散时，银行贷款的限制性条款更少。

2.1.2 金融性负债和非金融性负债

企业负债可以分为金融性负债（financial liabilities，如银行借款、债券等）和非金融性负债（non-financial liabilities，如应付账款、应付职工薪酬等）。其中，众多文献把研究重点放在"金融性负债"上，包括应付账款在内的非金融性负债往往被忽略。例如，Rajan 和 Zingales（1995）认为，"应付账款"等负债可能是出于交易目的而非融资目的，不能反映公司在融资方面的"违约风险"，应该仅关注负债中的借款（包括短期和长期银行信贷和债券等），其定义"杠杆率"为借款与"资本"之比，而"资本"定义为借款与权益资本之和。同样，DeAngelo 和 Roll（2015）在分析杠杆率稳定性时也只关注所谓"金融性债务"（financial debt）。

宏观的企业负债率研究往往只关注非金融企业作为一个部门的负债，此时企业间的负债相互抵消，考察的是非金融企业整体上对金融机构和金融市场的债务。

BIS 构建了 44 个经济体的非金融部门负债时间序列数据。其中，非金融部门包括了非金融企业。但是 BIS 这套数据没有考虑企业间负债。实际上，在数据说明中，BIS 明确指出，该套数据是基于部门的整体测算，非金融企业负债衡量的是非金融企业作为一个部门从其他部门获取的债务融资，例如银行贷款、企业债券等，而不包括部门内部的债权—债务关系。具体地，BIS 在衡量中国非金融企业负债时，受限于数据结构，2006 年至 2014 年采用"银行贷款外国银行跨境贷款非银行融资（社会融资规模数据中的由非银行金融机构发起的委托贷款、信托贷款，以及国内债券市场发行的企业债券和其他项）"衡量，2015 年至 2016 年采用"社会融资规模股权融资外国银行的跨境贷款"衡量，2017 年之后采用"社会融资规模股权融资地方政府专项债存款性金融机构的资产支持证券贷款核销外国银行的跨境贷款"。以此方法，BIS 测算，2021 年末，非金融企业负债的市场价值达到 174.5 万亿元，与 GDP 之比为 152.8%。

中国社会科学院国家金融与发展实验室自 2012 年开始编制"中国国家资产负债表"（李扬等，2015）。其中，在构建全社会宏观杠杆率指标时，李扬等（2015）处理方法与 BIS 类似，从三个层次来估算非金融企业部门从金融体系获取的资金总量：（1）非金融企业部门通过传统贷款渠道获得的信贷资金（2014 年末贷款余额为 61.8 万亿元）；（2）非金融企业部门利用债务类金融工具直接从金融市场募集的资金，包括企业债、公司债、短期融资券、中期票据等（2014 年末信用类债券存量规模为 11.69 万亿元）；（3）非金融企业部门通过银行信贷以外的信用中介获得的融资，例如信托贷款、委托贷款、银行承兑汇票等（2014 年末估算非金融企业部门从整个金融体系以"影子银行"渠道获取的信用规模为 21.44 万亿元）。整体上，非金融企业部门 2014 年末债务余额 94.93 万亿元，与 GDP 之比约为 149.1%。而据 BIS 测算，2014 年末非金融企业债务与 GDP 之比为 144.9%，两者非常接近。时间序列来看，2008 年至 2014 年，非金融企业部门债务与 GDP 之比上升 51 个百分点。值得说明的是，李扬等（2015）认为用这种方法估算的非金融企业部门的杠杆率实际上被高估了，因为这一指标，在相当程度上包括了地方政府融资平台的债务。如果修正这一因素，2014 年末，非金融企业部门债务为 78.33 万亿元，与 GDP 之比为 123.1%，2008 年至 2014 年上升 25 个百分点。中国社会科学院国家金融与发展实验室也使用间接法测算了非金融企业的资产负债表，即利用经济普查的数据，以经济普查年份 2004 年为基期，主要利用资金流量表数据，向前向后外推，间接估算出 2000 年至 2014 年我国非金融企业部门的资产和负债总额。需要注意的是，此处构建的负债数据包括了企业的"所有负债"，即金融性负债（贷款债券）、企业间负债（应付款等）以及其他负债（应付工资等）。按此口径，推算 2014 年，非金融企业负债总量达到 202 万亿，约为当年 GDP 的 3.2 倍。由此可知，2014 年，非金融企业负债中，金融性负债（非金融部门对金融体系的负债）仅仅占到总债务的 45%。这一数字从侧面说明，研究企业间负债很重要。

马骏等（2012）在编制中国国家资产负债表时，考虑了"企业间负债"这一因素。他们以上市公司财务数据为基础，定义企业间负债为企业应付票据、应付账款、预收款项、其他应付款和长期应付款之和，推算 2010 年企业间负债总规模为 35.1 万亿元，与当年 GDP（43.1 万亿元）之比为 81.4%。按照 BIS 测算，如果只考虑非金融企业部门对其他部门的负债，2010 年非金融企业负债约为 GDP 的 116.7%。以此计算，2010 年非金融企业间负债约为企业部门负债的 70%。在时间序列上，马骏等（2012）发现企业负债中短期借款和长期借款的占比逐渐下降，而企业间负债与其他负债的占比则不断上升。可见，企业间负债是企业负债中不可忽视的重要组成部分。但是，遗憾的是，马骏等（2012）没有对这一现象进行深入的分析和探讨。

樊纲（1996）利用中国统计年鉴、国家统计局提供的"37 万家乡及乡以上工业企业"统计资料以及工商银行搜集整理的 4000 家大中型企业（其中绝大部分是国有企业）的统计资料，定义企业间负债为企业财务报表中的"人欠货款"项目，发现 1994 年企业间负债占工业增加值的比重已经达到 43%，高于英国（20%）、美国（17%）、法国（38%），仅次于日本（59%）；企业间债务与银行（工业）贷款的平均比率，已提高至 67%。另外，从周转率来看，企业间债务的平均"周转天数"（365 天人欠货款总产值）已达 114 天，超过西方主要发达国家的水平（法国为 110 天），甚至超过俄罗斯、波兰等国家经济转轨初期的水平。他还考察了企业间负债总量与宏观经济波动之间的关系，发现在经济高涨时期，虽然企业间负债的绝对值上升，但其与工业增加值或者银行信贷之比很可能下降；但在紧缩时期，由于企业活动具有惯性，虽然信贷收紧，但企业的经营和投资行为还要继续，导致流动资金吃紧，不得不拖欠，表现为债务周转天数增加、企业间负债与银行信贷（或者产值）的比重扩大——这意味着，从宏观的角度看，企业间负债是法定国家信用的替代物，在紧缩时期发挥了"交易中介"的作用。从而，他认为，企业间负债对于货币政策具有"抵消"作用：当宏观货币紧缩时，企业

"抱团取暖"，用相互之间的信用代替了法定国家信用，维持生产和经营，同时也延缓了通胀的下降。

正如李心合、王亚星和叶玲（2014）所讨论的，相对于美国等市场经济发达国家而言，中国学者在研究企业债务时，应该更加重视分析与金融市场相关的"借款"（金融性负债）和与产品市场相关的"商业信用"（经营性负债）这两类负债的差异和影响。实证研究方面，童盼和陆正飞（2005）发现银行借款和商业信用对投资规模的影响存在差异，商业信用对投资的影响更大。胡建雄、邵志翔和易志高（2015）研究了商业信用、金融机构借款和债券对企业过度投资的影响。魏群（2018）研究了商业信用、长期借款、短期借款三种债务在企业生命周期的不同阶段对企业非效率投资的影响。但是，相关研究还很不足。

另外，中国有企业业的"零负债"现象值得一提。例如，汪金祥、吴育辉和吴世农（2016）定义净负债率为"负债合计货币资金交易性金融资产"与总资产之比，发现1998年至2012年中国A股上市企业中有17.9%的观测值净负债率小于零，并定义该部分企业为"零负债企业"。进一步地，他们强调，金融危机之后，零负债企业的比例持续增长，从2008年的11.0%增长到2012年的31.3%，零负债已成为最新且普遍的公司负债模式；同时，零负债并非完全由外部融资约束导致，也是企业主动保持财务弹性的战略选择，为将来提高投资水平做好"储备"。黄珍、李婉丽和高伟伟（2016）则定义"零杠杆"公司为"短期借款与长期借款之和为零"的企业，发现：（1）2000年至2013年"零杠杆公司"所占比例有上升趋势，2000年占4.64%，2013年攀升至17.98%；（2）零杠杆政策表现出一定的连续性，超过60%的零杠杆公司至少连续两年保持"零杠杆"；（3）零杠杆公司并非局限于某几个特殊行业，而是普遍存在。进一步地，他们发现零杠杆政策与公司内源性融资充足性、权益融资充足性以及融资约束程度有关。

从某种角度看，这些文献辅证本书所研究问题的重要性。这些企业并非"零负债"，而是"货币多于负债"或者"零金融性负债"。这意味着这些企业要么大量囤积现金却不归还借款或者应付款，要么依赖商业信用融资、占用其生意伙伴的资金而不诉诸金融机构借款。这正是本书要研究的问题。

2.2 商业信用

企业间负债的主体是基于商业信用的应收应付款，对企业间负债的研究也主要集中于商业信用。商业信用是对应收账款、应付账款、预收款项、预付款项、应收票据、应付票据等企业间"延期支付工具"的统称。如果供应商已经提供了商品或者服务，但客户并未付款，则供应商持有应收账款，客户持有应付账款；反之，如果客户已经预付了款项，但供应商尚未发货或者提供服务，则供应商持有预收账款，客户持有预付账款；如果客户付款使用的不是现金，而是票据，例如商业承兑汇票或者银行承兑汇票，则供应商持有应收票据，客户持有应付票据。

从商业信用方向来看，应付账款、应付票据和预收账款代表商业信用的"输入"，而应收账款、应收票据和预付账款代表商业信用的"输出"。从对象来看，应付账款、应付票据和预付账款是企业与其上游供应商之间的商业信用，而应收账款、应收票据和预收账款是企业与其下游客户之间的商业信用。

2.2.1 基本事实

商业信用是非金融企业资产负债表的重要组成部分。从整体来看，美国非金融企业应付账款的规模是银行贷款的 3 倍（Barrot，2016）。英国非金融企业应付款占到总资产的 25%、短期负债的 47%；美国非金融企业应付款占到总资产的 17%、短期负债的 50%（Cunat，2006）。Hill 等（2017）用 66 个国家 1992 年至 2010 年上市企业数据，研究了商业信用（用应付账款平均周转天数衡量，即应付账款与销货成本之比乘以 365）受到哪些因素的影响，发现发展中国家相比发达国家更多地使用商业信用融资，信用状况不好的企业相比信用状况良好的企业更多地使用商业信用融资。他们认为其结果反映了商业信用作为一种融资方式是银行信贷受限时的"次优"选择（lower in the pecking order of financing choices）。其中，中国上市企业应付账款平均周转天数为 113.6 天（中位数为 86.6 天），按从高到低的顺序在 66 个国家中排第八位（中位数排第四位）。美国上市公司应付账款平均周转天数仅为 59.2，中位数为 39.6。Ghoul 和 Zheng（2016）用 49 个国家 1993 年至 2013 年上市企业数据，研究了商业信用规模（用应收账款与总营收之比来衡量）和国家文化之间的关系，发现当有更高的集体化倾向、不平等认可程度、不确定性厌恶以及冒险和投机性水平时，商业信用的供给更多。其中，中国上市公司的应收账款平均占到总营收的 24.15%，按从高到低的顺序在 49 个国家中排第四位（总样本均值为 18.71%，美国为 14.37%）。Ge 和 Qiu（2007）用中国社科院 2000 年所做企业调查数据中 570 家企业 1994—1999 年的数据，测算其应付账款与总资产之比的平均值为 13%。中国财政科学研究院"降成本"课题组（2017）利用 2017 年在中国东北、东部、中部、西部等 9 个省区的实地调研得到的近 15000 家企业数据研究发现，企业间债务相互拖欠问题严重：2016 年末，应收账款占总资产的比例已经接近 17%，且增长较快。

那么，企业为何如此依赖商业信用呢？这涉及商业信用使用动机，相关研究主要从两个视角切入，即融资性视角和经营性视角。从融资性视角来看，商业信用是正规金融（通过金融机构或者金融市场的金融）的替代，尤其是对于无法从正规渠道获取金融支持的公司。当公司经受财务危机、现金流吃紧时，商业信用也成为获取流动性的重要渠道。从经营性视角来看，商业信用可以降低交易成本、作为产品质量保证金、实施价格歧视、作为产品差异化策略，也受到市场势力的影响。在此，首先系统梳理这些文献，然后讨论为什么已有文献不足以解释我们的问题，并引出本书的创新点。

2.2.2 融资性动机

传统文献往往侧重商业信用的"金融属性"。Allen、Qian 和 Qian（2005）以及刘行、赵健宇和叶康涛（2017）等文献把企业债务融资分为正规金融融资（银行借款和债券发行等）和非正规金融融资（商业信用、私人信贷）等。

商业信用对于资金接收方（商业信用输入方）而言是"融资工具"，与银行信贷和债券融资是替代关系。从资金接收方视角来看，相对银行信贷和债券融资，商业信用融资具有以下优势。（1）商业信用的范围更广，伴随交易本身，可以为一些无法从正规金融渠道获取资金支持的企业（尤其是中小企业）提供融资。根据 ACCA（2015）测算，世界范围内的信用销售占总销售的一半以上。（2）对于无"提前还款折扣"的商业信用条款，商业信用相当于"免费"的融资手段，不需要付息。①（3）商业信用条款相对比较宽松，虽然大部分合同会约定最晚付款时间，但相对银行信贷有着更大的"再协商"空间。世界范围内信用交易至少 30%会被拖欠，即超过事先约定的账期付款（ACCA，2015）；中小企业更容易遭受拖欠，且很少会有利息补偿（FSB，2016）。

从另一个角度，商业信用对于资金提供方（商业信用输出方）而言是"投资工具"，要考虑投资收益和风险分摊。Peterson 和 Rajan（1997）给出了一个精彩和经典的分析，认为供应商愿意为融资受约束的客户提供商业信用是因为他们对自己的生意伙伴更加了解，能够更高效地处置

---

① 一般而言，企业间商业信用条款包括两类，一类是仅仅约定最晚付款时间，另一类则在约定最晚付款时间的同时约定提前付款折扣。对于第一类条款，商业信用相当于"无息贷款"。对于第二类条款，从机会成本的角度，商业信用包括了"隐含"的利息，例如对于"10 天内付款享受 2% 折扣，否则 30 天内全额付款"这一商业信用条件，其隐含的利息水平高达年化 40%（Ng、Smith 和 Smith，1999）。

相关抵押品，且能够从现有商业关系的维持中获得收益（每个企业都是其生意伙伴的"利益相关者"）。具体地，从资金提供方视角来看，其相对银行等正规金融渠道可能具有以下优势。（1）相对于银行，供应商可能更加了解其生意伙伴的经营状况和偿债能力，且能在日常经营合作中实施有效监督，故能更好地管理风险（Biais 和 Gollier，1997）。Ng、Smith 和 Smith（1999）利用美国 2500 多家企业信用业务经理的调查数据和对应企业的财务数据，发现商业信用的使用及其具体条款取决于供应商与客户之间的关系以及信息不对称程度。Goto、Xiao 和 Xu（2015）从供应商拥有关于客户的私有信息的角度，实证发现可以更多依赖商业信用融资的企业在未来会有更高的股票收益率，并认为这一现象反映了供应商关于客户的私有信息逐渐渗透、进入市场定价的过程。（2）一旦生意伙伴违约，供应商可以更快且更有效地实施资产清算（包括较为容易地获取违约方存货等资产，并快速、低成本变现）。例如 Longhofer 和 Santos（2013）把提供信贷资金的银行和提供商业信用的供应商统一在一个理论框架下，因为供应商更熟悉产业链的结构和渠道，在客户违约时可以更容易地获取并清算中间产品，所以，相对于银行来说，供应商在一定程度上便有优势；基于此，供应商提供商业信用并在客户违约时以其所供应物品为限享受"优先受偿"，银行提供其他部分资金，该"债权组合"可以降低下游企业整体的融资成本。Fabbri 和 Menichini（2010）把供应商具有清算优势和信息优势这两个方面结合起来，统一用一个基于信息不对称的博弈模型来分析商业信用的供需问题。（3）发生货款拖欠时，供应商还可以通过"断供"来威胁下游厂商的正常生产，可能比银行停止新增贷款的方法更为直接有效。例如，Cunat（2007）搭建了一个在"债务契约不能保证执行"情况下供应商和下游零售商博弈的模型，供应商控制关键投入品供给，可以采取"断供"等手段应对可能的违约行为，从而避免下游企业的道德风险问题——在这种情况下，即使银行信贷额度充足，企业也可能使用商业信用融资。该文也利用美国近 40000 家制造业、零售业、批发业企业在 1993 年至 2002 年间的数据做了实证分析。另外，供应商与客户的稳定关系对双方来说都很重要，当其中一方陷入财务困境，另外一方有激励救助，通过商业信用的形式进行资金支持是方法之一。例如，Garcia-Appendini 和 Montoriol-Garriga（2018）发现，当客户陷入财务困境时，如果供应商面临高转换成本时，会选择施以援手。

在这个意义上，商业信用的"融资功能"来源于正规金融体系的不完善和低效率。融资能力强的企业从正规金融体系融资，并把资金以商业信用的形式转移给融资能力弱的企业，从而承担了"资金中介"的角色，实现了信贷资源的"二次配置"。在这个意义上，商业信用是正规金融体系的良好补充，从正规金融体系无法获取资金支持的企业可以利用商业信用获取资金，从而缓解融资约束；而对于商业信用输出的企业，其利用自己空余的融资能力从外部获取资金、转而支持自己的生意伙伴，一方面可以增强供应链稳定性，另一方面也可以争取更合意的交易价格并改善利润。

有大量研究试图证明商业融资的"融资功能"。例如，Nielson（2002）利用美国数据发现当货币政策收缩时，小企业和没有信用评级的大企业更加依赖商业信用。McMillan 和 Woodruff（1999）利用越南私营企业调查数据研究发现，有 60% 的受访企业表示来自生意伙伴的商业信用是重要的融资渠道。Garcia-Appendini 和 Montoriol-Garriga（2013）发现，在 2007 年至 2008 年金融危机期间，有着较多流动性储备的企业通过提供更多的商业信用来帮助他们的生意伙伴，而这会改善企业业绩，这说明当银行信贷渠道受阻时现金充足的企业可以起到"保险"作用且能享受其带来的收益。

国外学术界非常关注中国的"非正规融资渠道"，认为这是中国在金融体系不完善条件下维持较长期稳定增长的"窍门"。例如，Allen、Qian 和 Qian（2005）认为，包括商业信用在内的非正规融资渠道以及基于信誉和私人关系的外部治理机制是中国私有部门快速增长的"最重要因素"。Ge 和 Qiu（2007）使用中国社会科学院 2000 年企业调查数据研究发现，非国有企业相对于国有企业更多地使用商业信用（作为资金接受方），这主要是出于融资目的而非经营和交易目的。

国内研究也顺承了该支文献。石晓军、张顺明和李杰（2009）利用 1998 年至 2006 年中国上市企业数据发现商业信用对商业银行正式融资渠道中的信贷政策具有抵消作用，且其程度具有同步性地反经济周期规律，从而证明了商业信用与银行借款之间是"替代"关系。石晓军和张顺明（2010）利用 1999 年至 2006 年上市公司数据发现商业信用通过缓解融资约束促进规模效率的提高，是一种资源配置机制。刘仁伍和盛文军（2011）等用 2003 年至 2007 年工业企业统计数据库发现，利润水平较低的国有企业将银行信贷转移为商业信用输出，这会改善整个信贷资金分配体系。张杰等（2013）利用 1999 年至 2007 年工业企业统计数据发现，银行贷款和商业信用之间存在替代效应，商业信用成为中国银行信用体系的重要补充。孙浦阳、李飞跃和顾凌骏（2014）发现商业信用有助于缓解融资约束，促进企业投资，尤其是企业从正规融资渠道（例如银行贷款）受阻时——这意味着商业信用可以作为银行信贷的"替代"。饶品贵和姜国华（2013）研究了货币政策对银行信贷与商业信用互动关系的影响，发现在货币政策紧缩期，相对于国有企业，非国有企业在银行信贷方面受冲击更大，会利用商业信用替代银行信贷、弥补资金缺口，这印证了商业信用的"融资属性"。王彦超（2014）发现借贷能力强的企业从银行获取贷款后，通过应收款转移给借贷能力较弱的企业，可以实现信贷资源的"二次分配"，且这一机制在金融抑制程度高的地区、金融改革发展程度低的时期、国有企业以及国家重点扶持的行业中表现更显著，这意味着商业信用丰富了信贷市场的资金配置渠道，扮演了重要的二次信用分配功能。陈胜蓝和马慧（2018）利用中国金融市场贷款利率市场化改革（包括贷款利率上限放开和下限放开）作为准自然实验，发现高风险公司相对低风险公司，在贷款利率上限放开后，银行借款增加显著更多、商业信用融资减少显著更多，而在贷款利率下限放开后，银行借款减少显著更多、商业信用融资增加显著更多，从而表明贷款可获得性与公司商业信用之间存在替代关系。赵胜民和张博超（2019）用 2000 年至 2018 年上市公司季度数据发现商业信用与银行信贷之间具有替代性，且该效应受到货币政策的影响。

从宏观角度分析，企业通过商业信用提供的资金归根结底还需要依赖银行信贷、债券发行或者股权融资——后者是"源"，前者是"流"。Demirguc-Kunt 和 Maksimovic（2001）认为，非金融企业可以承担金融中介的作用，促使资金从金融体系流向最合适的生产部门，但其前提是存在一个高效的银行体系和资本市场。他们用 39 个国家的企业数据，发现一个国家的法治环境和银行系统发达程度可以解释商业信用的使用：在法治更强的国家中企业更多使用银行贷款而非商业信用；但是，在有着规模较大的私营银行体系的国家，企业更多使用商业信用（输出商业信用更多、输入商业信用也更多）。Love、Preve 和 Sarria-Allebe（2007）用 6 个发展中国家 890 个企业的数据，发现金融危机之后，银行信贷收缩导致商业信用供给同步收缩，从反面证明了商业信用的"信贷二次分配"功能。

也有文献发现商业信用对外部融资能力较弱的企业（主要是中小企业）贡献有限。主要表现为，商业信用不一定对促进企业成长发挥正面作用。Ayyagari、Demirguc-Kunt 和 Maksimovic（2010）利用 2003 年世界银行投资景气度调查（World Bank Investment Climate Survey）中 2400 家中国工业和服务业企业数据，发现银行信贷与企业增长速度正相关，而非正规金融（如商业信用）与企业增长的关系不明显，从而质疑传统文献中认为"非正规金融起到积极作用"的观点。张新民、王钰和祝继高（2012）发现商业信用和银行借款都会向市场地位高的企业集中。这意味着商业信用融资和银行信贷融资存在着某种"互补性"。吴娜、于博

和孙利军（2017）考察了商业信用融资与银行信贷融资的"替代性"和
"互补性"在哪些条件下可以转换，发现其取决于信息不对称水平，即
信息不对称水平越高，商业信用作为一种信号机制越能向银行表征企业
的经营状况，商业信用和银行信贷表现出更强的"互补性"。陆正飞和
杨德明（2011）认为商业信用的作用取决于货币政策松紧：在货币政策
宽松期，商业信用的大量存在符合买方市场理论（即买方具有市场势
力、信用状况良好）；在货币政策从紧时期，则更符合替代性融资理论。

2.2.3 经营性动机

2.2.3.1 质量保证

提供商业信用可视为产品质量的"保证金"，供应商愿意"赊销"
是产品质量较好的一种"信号"。Lee 和 Stowe（1993）认为，在产品质
量存在信息不对称、生产商有分摊风险的动机时，"赊销"可以传递关
于产品质量的信号，通过商业信用条款可以区分产品的质量。Van Horen
（2007）强调商业信用的质量保证功能，认为商业信用可以降低产品质
量风险带来的不良影响，所以下游企业普遍会要求"赊购"，但"赊销"
会影响上游企业的现金流，上游企业不愿意提供商业信用——最后的均
衡结果是，商业信用情况取决于双方的市场势力，并受到交易风险和制
度条件的影响。

2.2.3.2 供应链协调

近年来的文献更加重视从供应链协调的角度来理解商业信用的功能
和企业使用商业信用的动机。

首先，商业信用可以作为一种"承诺机制"，因为供应商提供商
业信用，相当于主动承担下游企业的市场风险，使得供应商更有积极
性帮助下游企业提升利润。例如，Dass、Kale 和 Nanda（2015）从契约
不完备和市场势力的角度论证了商业信用可以作为"关系专属投资"
（relationship-specific investment）的有效承诺工具（commitment device），

并用企业研发投入（企业研发支出与上期总资产之比）衡量"关系专属投资"水平，用应收账款与营收之比（取对数）衡量商业信用输出，发现上游企业的研发投入（关系专属投资）越多，其输出的商业信用越多。程新生和程菲（2016）用中国数据发现了类似的结果。他们用 A 股 2008 年至 2013 年数据，用应收账款净额、应收票据、预付账款之和与期末总资产之比衡量商业信用供给，发现资本化研究开发支出与商业信用供给正相关。这一正相关关系说明，资本化研究开发支出越高，越需要商业信用供给作为一种"承诺机制"发挥作用，抑制上游企业的机会主义行为。

其次，商业信用强化了上下游企业之间的关联，增强了供应商和客户之间"互相保险"的激励。Cunat（2007）从理论上分析了出于维持与客户长期关系的目的，当客户面临资金问题时供应商会选择提供流动性支持。Garcia-Appendini 和 Montoriol-Garriga（2018）实证发现在商业信用的供给中"转换成本"发挥着重要的作用，当供应商面临高转换成本时，其会选择救助陷入财务困境的客户。Goncalves、Schiozer 和 Sheng（2018）认为在产品市场具有市场势力（垄断地位）的企业更有动力保持自己供应链的稳定（从而稳定赚取垄断收益），所以在金融危机中，具有市场势力的企业主动加速应付账款的归还、帮助其供应商克服融资困境。

但是，现实环境中供应商和客户之间的关系并不是"一对一"的关系，而是"多对多"的关系，这时就涉及更为复杂的供应商—客户关系管理。Chod、Lyandres 和 Yang（2018）从供应商提供商业信用可以鼓励零售商订购更多产品的角度，认为商业信用供给具有"搭便车"问题——某个供应商增加商业信用可以为零售商节省现金支出，但零售商可能把节省的现金用于购买其他供应商的产品。实证分析发现，供应商体系比较分散的零售商，相对供应商体系集中的零售商，获得的商业信用更少。Freeman（2018）手动搜集了美国上市公司商业信用的"双边"

数据，发现供应商提供商业信用并非集中于其"大客户"——相反，供应商为其大客户提供的商业信用相对较少，以此实现商业信用的风险分摊（risk diversification）。

有一支文献把商业信用决策纳入一个统一的公司和产业链决策框架。例如，Abad 和 Jaggi（2003）研究了当买方需求价格弹性较高时，价格和商业信用账期如何同时被一个博弈模型所确定，并考虑了合作博弈下的帕累托最优如何实现的问题。其核心是，卖方面临一个权衡取舍问题，即选择以较高价格和较长账期成交，还是以较低价格和较短账期成交。石晓军、张顺明和朱芳菲（2008）构建了一个综合财务、市场和成本因素的商业信用期限决策模型，论证商业信用是一种重要的"激励—协调—利益分配"机制。Lee 和 Rhee（2011）研究了商业信用供给和交易量的内生决定性，认为供应商提供商业信用并对提前还款的企业给予折扣，可以鼓励零售商增加存货持有，以共同应对可能的需求冲击，从而增加了供应链的整体利润以及供应商自身的收益——这意味着商业信用起到了协调产业链的作用。Lehar、Song 和 Yuan（2016）以及 Yang 和 Birge（2017）也有类似的发现。桂云苗、秦丽萍和张廷龙（2011）建立了零售商采取联合补货策略下集中协调和分散协调的多产品两级供应链决策模型，分析了价格折扣契约和销售努力成本共享契约两种协调机制，并利用数值模拟说明了这两种契约协调机制的有效性。张义刚和唐小我（2012）通过模型说明，制造商提供商业信用相当于提供融资，作为附加条件，制造商要收取一定的融资利息，同时对零售商的订货批量进行一定约束，当零售商的保留利润较大时，供应链可以实现协调。

还有文献把商业信用的金融属性和运营属性结合起来。例如 Hu，Qian 和 Yang（2018）建模分析了商业信用在供应链金融资源"整合使用"（financial pooling）中的作用，其核心观点是，即使零售商（买方）比供应商（卖方）具有更强的融资能力（表现为融资成本更低）和市场势力（表现为合同为零售商制定，供应商选择是否接受），供应商为零售商提供商业信用在某些情况仍然可以降低供应链整体的融资成本、提升利润。

2.2.3.3 市场竞争和市场势力

市场势力和商业信用输出之间的关系并不明朗。

传统文献往往认为市场势力强的企业输出商业信用应该更多，因为市场势力强的企业一般拥有更强的外部融资能力，可以低成本从正规金融渠道获得资金支持，且市场势力强的企业有更强的能力收回应收款。Peterson 和 Rajan（1997）认为，企业输出商业信用是基于其外部融资能力、对生意伙伴的了解程度、在资产清算方面的优势以及生意伙伴的重要程度，并利用美国小企业财务调查数据验证，大企业输出商业信用更多。Nielson（2002）利用美国统计局企业季度整体报告以及上市企业数据，发现中小企业以及没有信用评级的大企业依赖商业信用融资，而有信用评级的大企业可以凭借信贷融资，这意味着有信用评级的大企业相对于中小企业和没有信用评级的大企业输出更多的商业信用。Banerjee、Dasgupta 和 Kim（2004）利用美国制造业企业 1979—1997 年数据，发现大企业输入商业信用更少、输出商业信用更多，作者认为这主要是因为大企业的外部融资成本更低。Niskanen 和 Niskanen（2006）研究发现，对于芬兰这样一个金融体系以银行体系为主的国家，大型的、较为成熟的且融资能力强的企业净输出商业信用更多。

但是，从另一个侧面，如果把商业信用视为"无息贷款"，则其本质跟"降价"类似，从原价中减去对应的利息成本即相当于实际价格。在这个意义上，商业信用可以作为一种实施"歧视性定价"策略的定价机制。Pike 等（2015）利用针对美国、英国和澳大利亚三个国家 700 个大型企业的问卷调查数据，发现商业信用在克服供应商—客户信息不对称问题的同时也发挥了实施价格歧视的功能。该"歧视性定价"机制也可以作为一种竞争手段。Barrot（2016）利用"法国禁止卡车公司提供 30 天以上应收款账期"的政策作为冲击，实证发现期限更长的商业信用供给可能成为现金充裕企业打击竞争对手的"武器"，使得融资受约束的企业无法进入市场或者长久存活。从此角度分析，弱势的、处于激烈竞争状态的企业可能输出商业信用更多。Fabbri 和 Klapper（2016）用世界银行 2003 年对中国所做企业调查的数据（涉及约 2500 家企业），发现市场势力弱的企业更可能提供商业信用，赊销比例更大且账期更长；而强势企业更可能拖欠其他企业货款。这也意味着商业信用可以被弱势企业作为一种市场竞争手段。

国内研究者对该问题也颇为关注。张杰和刘东（2006）利用江苏省制造业中小企业问卷调查（有效样本企业不到 300 家）数据发现商业信用并不能作为中小企业的融资来源，实际上约 2/3 的中小企业是商业信用的净借出者，且应收款与应付款存在期限错配，加剧了资金链风险。徐晓萍和李猛（2009）利用 2007 年上海市中小企业问卷调查样本（其中包含所有关键信息的问卷数不到 400）发现中小企业提供了过多的商业信用，且企业越小，其提供的商业信用越多。主流文献中论证的"商业信用缓解中小企业融资约束"这一观点与中国事实不符。遗憾的是，这两篇文章都是基于小规模调查数据。

苏汝劼和冯晗（2009）指出，在中国，商业信用（以应收账款与主营业务收入之比衡量）与企业规模的关系表现为负相关，这与发达国家的情况相反。传统文献中强调的"大型企业融资能力强、应该输出商业信用"等观点并不适用于中国。苏汝劼和冯晗（2009）从企业关系网络的角度来分析商业信用与企业规模呈现负相关的原因，认为：发展中国家金融体制和社会信用体系不健全，关系网成为改善信息不对称的重要渠道，较大、较牢固的关系网与更多的商业信用相联系，而大企业却较少依赖关系网，很少处于一个牢固成熟的关系网络之中，所以商业信用和企业规模表现为负相关。仔细推敲，该论证值得商榷。该文论证的起点是在金融体制和信用体系不健全的情况下，关系网可以改善信息不对称，表现为关系网越大、越强，商业信用越多，作者试图论证大企业因为较少依赖关系网，故而信息不对称程度高，从而输出商业信用少，但我们也可以从另外一个角度分析：对于大企业而言，它已经有足够的能力来获取信息，所以不需要依赖关系网也可以输出更多商业信用，即关系网本身是内生的。张新民、王珏和祝继高（2012）利用 2004 年至 2010 年我国 A 股上市公司数据为样本，检验企业市场地位对其商业信用融资和银行借款融资的影响，发现商业信用和银行借款都会向市场地位高的企业集中。须指出的是，其以企业年度销售额占对应行业总销售额（行业所有上市公司的销售额加总）的比例为"市场地位"的表征，高于中位数的观测即定义为"市场地位高"，虽然控制了企业资产规模和产权性质，但没有详加分析。

近年来有一些文献试图证明商业信用与企业规模之间存在"U 型"的非单调关系。张杰和冯俊新（2011）利用 2003 年至 2007 年工业企业数据库发现企业规模与商业信用净输出之间呈现显著的 U 型关系，这意味着企业规模较小和较大的企业输出更多商业信用，而规模中等的企业输入更多的商业信用。他们认为，小企业输出商业信用多可能是"非自愿"，是由于处于强势地位的大中企业对小企业的拖欠和欺压；而大企业输出商业信用多可能是"自愿"的，是由于大企业可以从金融机构处获取贷款。但是，虽然企业规模（用企业年平均员工数衡量）及其平方项对应的系数均显著，但他们并没有讨论该二次函数的"拐点"所对应规模在全样本中的位置。王明虎和席彦群（2013）认为，商业信用供给和企业规模之间存在非线性关系，在企业达到一定规模之前，主要依赖商业信用融资，随着规模扩大，商业信用融资的边际成本上升，导致商业信用供给减少；企业达到一定规模之后，银行信贷比例增加，引发商业信用融资减少、商业信用供给增加。他们以"（应收账款净额 + 应收票据）/ 总资产"衡量商业信用供给，以资产（对数值）及其平方项作为主要解释变量，并控制银行信贷 [以 "（短期借款 + 长期借款）/ 总资产" 衡量] 及其平方项、商业信用融资 [以 "（应付账款 + 应付票据）/

总资产"衡量]及其平方项等，主要发现是资产对应的系数为负而资产平方项对应的系数为正，从而论证商业信用供给与企业规模之间存在U型关系。但是，正如本书将要呈现的，虽然在回归结果中，企业规模及其平方项的系数均显著，但根据其相对大小确定的"拐点"所对应的资产规模要大于绝大多数上市公司的资产规模，从而绝大多数样本所处区间中，商业信用供给与资产规模呈现严格的负相关关系，而非"先降后增"的U型关系。

进一步地，王明虎（2015）利用2003年至2012年A股上市企业数据研究发现，企业向客户提供商业信用与从供应商处获取的商业信用显著正相关，并认为这一正相关意味着企业从供应商获取的商业信用和向客户提供的商业信用存在"传递关系"。他还发现，大企业商业信用传递水平显著低于中小企业，信贷政策扩张提高商业信用传递水平。

除了企业规模，更具有中国特色的一个分析维度是产权性质。一般认为，国有企业因为政府隐性担保和政府关系等因素，比民营企业更有市场势力。余明桂和潘红波（2010）从企业提供商业信用可以锁定客户、避免客户流失这一角度入手，利用2004年至2007年工业企业数据库，证明了私有企业相对国有企业提供更多的商业信用——私有企业往往面临更激烈的市场竞争。Lin和Chou（2015）利用2006年至2012年A股上市公司数据研究了企业商业信用融资和银行信贷融资之间的关系，分析企业规模和产权性质如何影响以上关系，但其论证有自相矛盾之处：一方面，主回归显示，整体而言，企业越大，其应收账款越多，应付账款越少，净输出商业信用越多；另一方面，作者又试图论证在金融危机之后是小企业输出商业信用以扩大销售，而大企业和国有企业融入商业信用。江伟和曾业勤（2013）利用工业企业数据库数据检验产权性质对于商业信用的影响，发现与国有企业相比，民营企业输出更多的商业信用，但其分析仅仅作为辅助性回归出现，强调民营企业通过提供商业信用向贷款银行传递好的信号，但这一论述稍显勉强。王化成、刘欢和高升好（2016）利用 2007 年至 2014 年 A 股上市公司季度数据，发现当经济政策不确定性提高时，企业获得商业信用规模整体上会缩小，但是国有企业凭借产权优势抑制商业信用规模的缩小。

与之相关的一支文献研究供应商以及客户集中度对于企业商业信用使用的影响。

Van Horen（2007）利用欧洲复兴开发银行与世界银行联合进行的商业环境和企业表现调查（Business Environment and Enterprises Performance Survey，BEEPS）中 20 个国家的 5000 多家企业的数据，用"前三名客户销售占比是否超过 20%"这一哑变量来表征客户市场势力，用"销售货物中赊销占比"来衡量商业信用输出，发现客户市场势力会增加企业的商业信用输出。其是从商业信用"质量保证"功能的角度入手分析的：为了减少产品质量风险，客户天然地要求"赊购"，但"赊购"会占用供应商的运营资金，所以均衡的商业信用取决于双方的市场势力。

但是，也有文献发现了相反的结果。Banerjee、Dasgupta 和 Kim（2004）从 Compustat 数据库的美国制造业企业商业信息文件（1979 年至 1997 年）中构造了企业的主要客户信息，用主要客户销售占比衡量客户集中度，发现应收账款与客户集中度负相关。他们认为，该实证结果与"融资优势"理论以及商业信用的"价格歧视"理论一致：客户集中度高时，客户往往是大企业，具有融资优势，不需要占用供应商的款项；客户集中度高时，供应商不需要利用商业信用来实施价格歧视策略（可以采取直接降价的策略）。他们还发现，当供应商资金紧缺时，合作关系更久远的主要客户会更快地付款。

Fisman 和 Raturi（2004）利用世界银行企业发展区域调查项目关于 5 个非洲国家 1992 年至 1995 年间的数据，用"原材料供应商是否超过 1 个"这一哑变量来衡量供应商竞争程度，用"从供应商处的购买是否主要是赊购"这一哑变量来衡量商业信用输入，发现竞争程度可以增加商业信用输入。他们是从关系专属性投资角度入手分析的：如果供应商位于垄断位置，则下游厂商进行关系专属性投资带来的额外利润将全部被供应商获取，所以不会进行这种投资，供应商也不会输出商业信用；在竞争市场中，下游厂商可以获取部分额外利润，从而有激励进行关系专属性投资，供应商也愿意输出商业信用。

王雄元、彭旋和王鹏（2015）使用 A 股制造业上市公司 2009 年至 2011 年数据，分别用前五大客户销售占比、第一大客户销售占比以及前五大客户销售占比的标准差来衡量客户集中度，用"企业 3 年内不重复的前五大客户个数"衡量客户关系稳定度，用"应收账款应收票据预收账款"与销售收入之比来衡量企业提供给客户的商业信用，发现客户集中度越高，企业提供的商业信用越多，这与 Van Horen（2007）的研究结论一致，与 Banerjee、Dasgupta 和 Kim（2004）的研究结论相反；但随着客户关系稳定度增加，企业为强势客户提供的商业信用下降，这与 Banerjee、Dasgupta 和 Kim（2004）关于"供应商与客户长期关系价值"的发现一致。

马黎珺、张敏和伊志宏（2016）使用 A 股上市公司 2001 年至 2009 年数据，用年报附注中披露的"企业向前五名供应商的采购金额合计占总采购金额的比例"来衡量供应商集中度，用"应付账款与年末总资产之比"来衡量企业商业信用融资规模，用应付账款的周转率（即主营业务成本与应付账款的期初、期末平均值之比）衡量商业信用融资期限（周转率越高，融资期限越短），发现供应商集中度越高，企业的商业信用融资规模越小、融资期限越短。他们从市场竞争和买卖双方谈判能力的角度来分析这一现象，认为当供应商集中度更高时，供应商相对于下游厂商的谈判能力更强，从而减少了商业信用供给。

李任斯（2015）分别考察了客户集中度对商业信用输出的影响、供应商集中度对商业信用输入的影响以及"供应商—企业—客户"三元关系对净商业信用融资的影响，发现客户集中度高时企业商业信用输出多，供应商集中度高时企业商业信用输入少，但是客户集中度和供应商集中度同时比较高时，三方合作关系增强、企业商业信用融资增加。

2.2.4 商业信用与企业绩效

Ferrando 和 Mulier（2013）研究了商业信用对企业增长的贡献。他们利用 8 个欧洲国家 1993 年至 2009 年的数据，用应付账款与应收账款之和来衡量商业信用使用程度，并构造企业增加值增长率指标，发现增加值增长率与商业信用使用程度正相关。他们认为，无论是应收账款，还是应付账款，都体现了公司运营中不依赖于金融市场和金融机构的部分，两者之和反映了公司运营中独立于金融摩擦（例如信贷约束等）的程度。商业信用除了有"数量"属性，还应注意其"账期"。Barrot 和 Nanda（2016）把美国联邦政府 2011 年 9 月推出的"快速付款"（quickpay program，主要内容是联邦政府对小企业的付款周期减少 15 天）政策作为外生冲击，估算该政策的直接影响是三年内小企业年度工资支出增加 60 亿美元，新增 7.5 万个就业岗位，从而论证更快的应收应付款周转有利于改善小企业的经营状况，促进就业和提高员工收入。Beaumont 和 Lenoir（2018）利用 2009 年法国推出的一项大大缩短了应付款拖欠时间的政策，发现 3 天的账期缩短可以提高企业出口增速 1.2 个百分点，客户数量也有显著增加。这意味着流动性受约束的企业在获取新客户方面投资不足，而应收款账期的缩短有助于改善流动性约束，促进企业获取新客户。

国内文献方面，刘晓欣、宋立义和梁志杰（2017）发现应收款账期延长对企业利润有侵蚀作用，在民营企业尤其明显。曹向和匡小平（2013）发现企业估值（托宾 Q）水平与应付款水平正相关，尤其是在政府干预经济较少、金融发展水平较高、法制环境较好的地区。刘娥平和关静怡（2016）发现商业信用融资不仅可以抑制过度投资，还能缓解投资不足，从而可以对非效率投资发挥"双向治理"作用。刘欢（2019）发现企业的商业信用融资规模越大，其投资效率越高，且在市场地位较低的企业中效果更加明显。

仔细推敲以上文献，在理论分析中，往往把上游供应商和下游客户看成供应链上的两个"点"，从这两"点"之间发生资金关系的角度来分析商业信用的功能。这在分析某些问题时当然是一个很好的抽象，但是对于研究商业信用和企业间欠账的问题，企业内部的结构性因素、企业各部门之间可能存在的目标差异和业务摩擦可能是一个至关重要的因素。本书也是从这个角度切入来论证大企业的拖欠行为本质上是一个公司治理问题。因为财务部门和采购部门的利益不一致，企业无法做出"准时付款"的有效承诺，导致供应链整体利润下降，下游企业本身也受损——企业拖欠行为是"损人不利己"，而非"损人利己"。在这个意义上，本书与近年来研究企业内部摩擦的文献一脉相承。

2.3 公司内部摩擦

Coase（1937）从交易成本的角度来分析"企业"和"市场"，认为企业的特征是"科层制"，是集权式、行政性、指令化的管理和决策模式，而非分散的自由交易——当交易成本太高时，企业的"科层制"有助于降低整体成本、提升整体效率。基于此，传统文献中往往把企业视为一个追求利润最大化的整体，无论是大企业还是小企业。企业的所有经济活动都被认为是出于一个整体的科层结构和权威机制（Rauterberg，2005）。但实际上，企业，尤其是大型企业，内部各个部门追求的目标不尽一致，各自有其利益最大化的权衡取舍，不一定对于整体是最优的。

关于企业内部摩擦的研究方兴未艾。有一支文献是从企业和员工之间订约的角度研究的，属于企业理论和劳动经济学的交叉领域研究。

Stole 和 Zwiebel（1996）从企业整体和其个体员工之间的"非合作博弈"入手，基于劳务合同的"不可强制执行"性，研究了这种企业内部博弈的特征和影响，指出均衡状态下的企业利润是非博弈条件下企业利润和合作博弈条件下企业利润的加权平均。Brugemann 等（2019）则提出了一个新的企业和每个个体员工单独博弈的框架，得出唯一的子博弈完美均衡。

Baldenius（2000）考虑公司内部的货物买卖关系，认为在存在信息不对称和契约不完备的情况下，协议价转让和成本价转让都可能非最优，企业管理者如果有充分信息，可以通过集中设置一个转让价格（成本加上合适的利润空间）来改善整体利润。Mudambi 和 Navarra（2004）指出，随着企业各部门责任细化、价值创造过程分散化，企业传统的"科层结构"有所松动，这时，企业内部各部门之间也有着类似于企业之间的竞争和合作。他们这一研究从企业间各部门占有不同的生产资源、从而有不对等的议价能力出发，建模分析企业各部门决策时在考虑整体利润提升（profit seeking）的同时也要考虑部门之间的利润分配（rent seeking），这导致部门利益与整体利益的"脱节"。

更加具体地，企业的业务部门和财务部门之间可能存在利益不匹配甚至利益冲突，如果不能密切合作，将影响整体利润。Caniato 等（2016）通过案例分析研究何种因素影响企业选择何种具体的供应链金融措施，重点关注了"企业内部的合作"（intra-firm collaboration）这项指标（例如，在决定对供应商的金融支持时是否有财务部门和业务部门的合作决策机制）。他们在调研过程中发现，财务部门跟业务部门（如采购部门、物流部门或者供应链管理部门）的合作对于企业的商业决策和财务政策有重要影响，并提供了某家公司的真实案例：该公司第一次推行针对供应商的"反向保理"措施时，财务部门和采购部门之间缺乏互动，导致方案出台一拖再拖且最终方案也缺乏可实施性，未能获得推行；第二次尝试时，公司财务部门加强了与采购等具体业务部门的交流，把反向保理方面的协议跟其他的供应商协议通盘考虑，取得了采购经理们的支持，最终取得很大成功。

2.4 债权人保护、法治环境与经济后果

本书后面将论证：企业拖欠供应商款项时，供应商作为债权人的利益受损，要额外承担财务成本，但该部分成本最终会转移到下游企业身上。在这个意义上，企业拖欠是"损人不利己"。如果在法制上限制下游企业的拖欠行为，不仅有利于供应商，而且有利于下游企业，可以改善整个供应链的利润。在这个意义上，本书也与债权人保护和相关法治环境的研究有关。

North 和 Weingast（1989）考察了"光荣革命"前后英国政府的借款情况，发现"光荣革命"之后，政府借款大幅增加，但是政府支付的利率水平却下降了：17 世纪 60 年代初期政府长期贷款的利率高达 14%，但是 60 年代后期，利率下降一半，仅为 6% 至 8%。他们研究认为，"光荣革命"后一整套机制改革提升了政府行为的一致性，保证了对私有产权（包括债权）的保护，人们对政府的预期发生改变，更愿意借钱给政府——这意味着一套合理的制度在保护债权人利益的同时，也可以提升债务人的利益。

既然对债权人的保护可以同时提升债务人和债权人的利益，那又何乐而不为呢？具体地，既然企业拖欠是"损人不利己"，那么企业为什么拖欠呢？对这一问题，我们可以从制度经济学中得到答案。North（1991）论述过，经济活动参与者需要投入时间、资源和精力来提升技能或者知识储备，在提升他们自己利益的同时改善整体福利。但是在某些制度条件下，经济活动参与者并没有这样的激励，所以该经济体会长期处于无效率状态。这种情况下，外部力量的协调甚至强制是关键因素，包括政府干预和法制约束。La Porta 等（1998）研究了法治环境与

企业融资体系之间的关系，指出：在进行跨国比较时，不能只看融资工具本身的性质，更要关注其所处的制度环境，包括债券和股票在内的证券之所以有价值，是因为有一套制度来保证企业偿债、付息以及分红，包括内部治理机制（例如，股东可以投票任免管理层）和外在制约（例如，不能偿还负债时的破产清算）等——好的制度环境在保护投资者的同时可以降低企业的融资成本。本书正是基于此来论证，政府通过"限制账期"、营造"准时付款"的商业环境，在保护上游供应商的同时可以帮助下游企业降低采购价格、提升经营利润，从而改善整个供应链的利益。

2.5 文献述评

学术界，尤其是公司金融研究领域，往往习惯于从"融资工具"的角度来理解企业间负债。例如，基于商业信用"融资工具"理论的预测，融资能力强的企业从金融机构或者资本市场低成本获取资金，基于供应链合作引入的信息优势和信任关系，以商业信用的形式将资金转移给融资能力弱的企业，实现资金"二次配置"功能（例如 Peterson 和 Rajan，1997）。但中国的现实并非如此。正如本书将要讨论的，中国的一个突出现象是，有市场势力的企业（大型企业、国有企业）拖欠弱势企业款项。

综合现有文献，试图解释这一现象的主要思路包括"企业信用""质量保证""价格歧视""市场地位"等。

"企业信用"说认为大企业有优良的还款信用，虽然"延迟付款"，但不会"赖账不还"。与之相比，小企业则可能"跑路"。所以，大企业可以持有更多的应付款。该种论述当然有其合理性，但是忽略了银行等金融机构和股市、债市等资本市场的作用。有着优良信用的大企业可以从金融机构或者资本市场以较低成本获取资金，而小企业却往往无法获取资金，或者需要承担很高的资金成本。从这个角度，即使大企业信用良好，不会赖账，融资受约束、资金成本高的小企业也不该承担起银行的角色，为大企业输送资金。无论从信息优势还是资金成本方面，小企业都不具备对外输出资金的能力。我国金融体系仍以间接融资为主，中小企业"融资难融资贵"问题相对大型企业更为突出，在这种情况下，中小企业还要通过商业信用为大企业输送资金，单纯从"企业信用"这一角度论述欠妥。

"质量保证"说认为大企业信誉较好，不需要额外的产品质量保证，故应收款较少；而大企业的供应商往往是众多中小企业，这些中小企业相对来说信誉较差，需要额外的产品质量保证，故大企业应付款较多。实际上，企业间负债很多以"质保金"的形式存在，例如在动力电池行业，下游车企往往会扣留 10% 的货款作为"质保金"，一年甚至更长时间之后才会归还。但是，我们有必要推敲这些"质保金"是否合理、必需。实际上，单纯的"质量检验"是非常直接、快速、高效的，采用"欠账"的方法来作为"质量保证"并无必要性。另一方面，如果质检体系忽略了重大质量问题，一旦爆发，其恶劣后果也远非所谓的"质保金"能够覆盖，仍需要诉诸其他渠道（例如诉讼）。

另一种比较"流行"的理论是基于商业信用的"价格歧视"理论，即在某些价格机制失灵的情况下，提供更长的账期相当于"变相降价"，实现了价格歧视的功能。但是，这一机制成立往往需要假设价格调整成本太高（价格具有"黏性"）或者存在限制降价的因素（例如在美国有 Robinson - Patman "反价格歧视"法案，为了保护小型零售商不受大型连锁超市的"挤压"，对某些零售品设置最低销售价格），且常需要假设供应商本身具有某种垄断地位（否则也就谈不上"价格歧视"）。但是，现实中往往并非如此，在没有法律规定限制降价、价格调整成本也不高、供应商处于比较充分竞争的市场中时，仍然存在账期过长的问题。

　　"市场地位"说则更为直接：大企业市场地位高，有能力要求更长的账期，从而获取更多的利润。该理论认为账期是一种供应链上"利润分配"的形式，大企业可以要求小企业牺牲一些利益来强化自己的利益，即大企业的"拖欠"行为是"损人利己"。这种思路具有一定代表性和普遍性。例如，在某些媒体和业界的分析中，应付账款往往被作为"企业在供应链中话语权"的标志，应付账款多意味着企业占用供应商资金能力强、实力雄厚。但是，从另一个角度，企业拖欠其他企业的款项，也可能是"损人损己"，尤其是供应商本身也面临融资约束、资金成本较高时。中国古话说，"羊毛出在羊身上"，被拖欠企业要额外承担的资金成本最终会通过价格体现出来，转嫁给拖欠企业。Nielson（2002）引用了 Kindleberger 在《西欧金融史》中的论述，也是同样道理：君主当然可以在一定时期内"欠账"，但是被欠账的商户需要付出较高的利息成本，且该利息成本会迅速体现在价格上。[①]

　　这一论述不乏现实例证。Amberg、Jacobson 和 von Schedvin（2018）利用 2008 年至 2009 年金融危机期间瑞典制造业企业的产品销售、定价和商业信用等方面的数据，发现提供商业信用更多的企业其产品定价也更高，尤其是本身有流动性约束的企业，这意味着企业提供商业信用所引入的额外资金成本需要下游客户在产品价格上加以补偿。根据 Textura Europe（2015）所做调查，英国建筑行业拖欠问题十分严重，其中最为严重的环节是主承包商拖欠次级承包商的工程款，付款周期长达 75 天；但是次级承包商并非默默地承担拖欠带来的额外成本，而是提高了报价。根据调查结果，为了"弥补"拖欠带来的损失，次级承包商往往在报价中包括了 4% 左右的"拖欠补偿"；如果主承包商最终能提前付款（例如在 30 天以内），次级承包商会给予一定折扣。当下游客户的融资

---

　　① 转引自 Nielson（2002）。英文原文为 The Sovereign can leave bills unpaid – for a time – although high rates of interest quickly find their way into prices paid by the royal household。中文为本书作者翻译。

成本显著低于上游供应商时，下游客户拖欠款项的行为更加"不经济"，因为上游供应商要承担的较高的融资成本降低了供应链整体的利润，作为供应链强势企业，下游客户能获取的利润也会随之下降。实际上，根据《华尔街日报》报道，2012年美国大型企业可以以低至3.35%的利率发行债券，但是小企业融资成本往往是两位数，可达20%，在这种情况下大企业还在不断谋求延长账期，有些上游的中小企业已经难以为继、要求新的交易规则或者提高交易价格。①

　　我国发生的一个实际案例可以从反面证明这一点，即企业缩短账期，在帮助供应商快速回款的同时，还可以改善其本身的业绩。2014年，中国银监会选取了北汽、上汽、海尔、格力、武钢5家企业集团财务公司试点延伸产业链金融服务，包括"一头在外"的票据贴现业务和"一头在外"的应收账款保理业务。该业务允许持有该集团子公司应付票据的外部供应商到该集团财务公司"贴现"，相当于缩短了账期。因为贴现会扣取一定的"折扣"，该业务也相当于降低了原采购价格。该业务推行一段时间后，这些大型企业纷纷表示业绩得到改善。在此背景下，2016年银监会进一步扩大试点，在全国范围内开展财务公司延伸产业链金融服务试点工作。根据公开报道，该政策得到了广泛支持和好评。可见，大型企业集团缩减账期、即时回款，在缓解其供应商的资金压力同时，也改善了自身的业绩，可谓"双赢"。这也从侧面证明，大企业拖欠款项的行为很可能是"损人不利己"的"双输"。为了理解该政策发挥作用的机制，需要厘清一个基本事实：银监会该项政策允许企业集团财务公司贴现其集团子公司开具的应付票据，对于整个集团而言相当于缩短账期，但是这些企业集团本来就可以通过尽快付款给供应商的形式来缩短账期。

　　如果企业欠账是"损人不利己"的"双输"，为什么企业不能准时

---

① 参见 https://www.wsj.com/articles/SB10001424052702303296604577450561434496668

付款而倾向于欠账呢？为了回答这个问题，本书另辟蹊径，针对强势企业"延迟付款"问题给出了一个新的理论分析框架，同时考虑采购价格和账期因素，指出强势企业拖欠是一个公司治理问题，并进行了实证检验。具体地，本书从企业内部部门（采购部门和财务部门）之间摩擦导致企业无法有效承诺"准时付款"的角度，论证企业拖欠是一个公司治理问题，"损人不利己"。其核心机制是：财务部门有"延迟付款"以节省财务费用的激励，导致企业整体上无法有效承诺"准时付款"；预期到下游客户会"拖欠"，处于充分竞争状态的供应商不得不在报价中包含"拖欠补偿"来覆盖其额外的资金成本；因为强势企业的资金成本往往低于其弱势供应商，该"拖欠补偿"超过了下游企业节省的财务费用，这意味着下游企业的拖欠行为推升了供应链整体的财务成本；采购部门基于最大化"毛利润"（预期销售价值与采购成本之差）做采购决策而不考虑企业"资金成本（或收益）"，加剧了财务部门拖欠付款导致的不良影响。整体来看，下游强势企业"延迟付款"问题的根源是企业内部部门（采购部门和财务部门）之间的目标不一致、利益不匹配，是一个公司治理问题，在给供应商造成资金压力的同时，导致其本身利润低下、供应链处于无效率状态。

在这个意义上，企业延迟付款可以看作是广义的"公司治理"问题。传统的公司治理文献侧重大股东利益输送、高管追求私人享受等，我们称该种公司治理问题为"逆向"治理问题。而本书中讨论的公司治理问题是公司内部各部门利益不一致导致的整体无效率问题，我们称为"乱向"治理问题。这两种治理问题可以用图 2.1 表示。管理层一方面不应该从事利益输送等违规行为；另一方面应该保证各部门"同向用力"，实现整体利益最大化。

"逆向"治理问题（例如利益输送）

公司整体利润最大化

采购部门

"乱向"治理问题（例如部门冲突）

公司整体利润最大化

财务部门

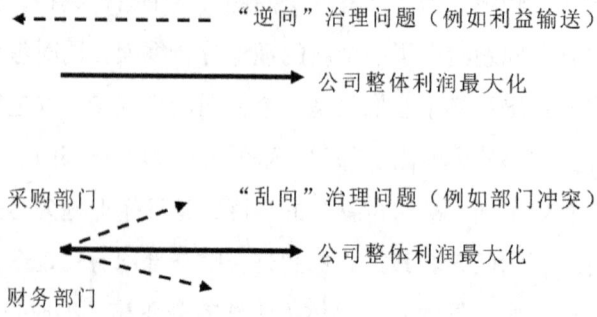

图 2.1　两种公司治理问题

第3章　中国非金融企业的企业间款项拖欠问题：历史和现状

本章首先介绍20世纪90年代清理"三角债"的相关情况，然后讨论当下企业间负债的规模和结构，并通过比较分析，说明当下企业间欠账问题的主要特征。

3.1 回顾20世纪90年代清理"三角债"的历史

1990年至1992年，中国政府曾发起一场轰轰烈烈的清理"三角债"运动。其背景是，20世纪80年代末，企业间"三角债"问题快速凸显。1991年上半年，全国有企业业间三角债高达3000亿元以上，严重影响了国民经济运行。[①]造成这一问题的原因是多方面、多层次的。从政府本身来看，地方政府有大办工业、扩大投资的冲动，而财政力不能支，便挤占大量银行信贷资源。如果信贷资金也不够，就会拖欠企业货款和工程款，被拖欠企业又不得不拖欠他们的供应商，由此形成大量企业间债务拖欠问题。从企业的角度来看，因为当时产权关系尚未理清，很多企业的投资行为由政府主导。一方面，部分投资项目缺乏后期流动资金支持，无法正常投产；另一方面，部分项目不符合市场需求，产品

---

① 参见：国务院办公厅转发国务院清理三角债领导小组关于全国清理三角债工作情况报告的通知（1993年2月9日国务院办公厅发布，国办发〔1993〕8号）。

缺乏销路，企业出现亏损。这导致企业现金流吃紧，不得不依赖银行贷款和商业信用融资。在信贷宽松期，这一局面尚能维持。但 1988 年以来，为了遏制经济过热态势，政府加大宏观调控力度，开始紧缩货币政策，严控信贷规模，着力调整结构（谢平，1990）。这导致部分企业资金链断裂，相关风险沿着供应链传导扩散，引发欠账连锁反应，波及原材料、能源、轻纺、机电、交通运输以及商业和基本建设等重要行业，"三角债"问题越发严重。

1990 年 3 月，国务院发出《关于在全国范围内开展清理"三角债"工作的通知》，并成立了清理"三角债"领导小组，负责组织领导全国清理"三角债"工作。1991 年 6 月，时任总理李鹏主持国务院总理办公会议，研究组织清理三角债问题，并决定在东北地区进行试点。时任国务院副总理朱镕基亲自带头，把清理"三角债"作为搞好大中型企业、提高经济效益的突破口。经过细致调研，领导小组把清欠的突破口定为清理固定资产投资资金缺口，由国家注入贷款、地方政府承担最终偿还责任。虽然在所有应付和预付货款中，基建和技改项目只占 20%，但是这些项目的欠款处于"三角债"链条的尾部，尾部企业拿到钱，归还中游企业的欠款，中游企业进一步归还上游企业的欠款，这就形成了连环清欠的"叠加"效果，达到事半功倍、四两拨千斤的效果。按此思路，国务院召开全国清理"三角债"工作会议，设定了债权债务"两头清"、固定资产投资拖欠和流动资金拖欠"两手清"、各级政府和企业"思想清"的方针。对于产销不对路、亏损严重的企业，政府在清理三角债的同时，要求这些企业停产，投资升级设备、高薪吸引人才，回归良性运转。根据 1993 年公布的国务院清理三角债领导小组《关于全国清理三角债工作情况的报告》，1991 和 1992 两年，全国共注入清欠资金 555 亿元，其中银行贷款 520 亿元，地方和企业自筹 35 亿元，共清理固定资产投资和流动资金拖欠款 2190 亿元，实现了注入 1 元资金清理 4 元拖欠的效果，明显地缓解了企业资金紧张的状况，加速了资金周转，提高了经济效益，使一大批能源、交通、原材料重点建设项目建成投产，一大批亏损企业转为盈利，增强了经营活力，对国民经济健康发展起到了重要作用。

1993 年下半年以来企业间"三角债"问题又有所反弹。根据何绿野（1996），1993 年末全国 37 万户国有大中型企业的"三角债"为 3467 亿元，1994 年末达到 6314 亿元，相当于同期银行向工业贷款的 67.4%，约为当年工业总产值的 1/4。樊纲（1996）认为其原因可能是 1993 年开始进行新一轮的紧缩政策（"抽回贷款"）。他指出了银行注资清欠模式的缺点，分析了企业间的"磨债"（多方债务人和债权人共同协调，将相互之间可以抵消的债务冲抵掉）难点以及部分企业"不还旧债、不付货款、不发新货"策略的不良影响，强调要区分短期问题和长期问题，区分宏观问题与体制问题、微观问题、结构问题，寻求化解"三角债"的方案。

3.2 新冠肺炎疫情暴发之前工业企业应收账款和应付账款规模已经达到历史高位，且突出表现为"大欺小"问题

本节探究规模以上工业企业应收账款规模的年度变化，为了保证可比性，使用样本企业总资产、主营业务收入以及当年工业增加值等指标进行了标准化。数据来源方面，应收账款、总资产和主营业务收入数据来自使用国家统计局公布的规模以上工业企业主要经济指标（年度数据），"工业增加值"数据来自于国家统计局国民账户核算（季度累计值，取第四季度末数据作为年度数据）。1998 年至 2018 年应收账款分别与总资产、主营业务收入以及工业增加值之比的变化情况如表 3.1 和图 3.1 所示。

表 3.1　1998 年至 2018 年规模以上工业企业应收账款变化（单位：%）

年份	应收账款 / 工业增加值	应收账款 / 资产	应收账款 / 主营业务收入
1998	36.9	11.6	19.7
1999	37.5	11.5	19.3
2000	36.7	11.7	17.6
2001	33.8	11.0	15.8
2002	33.6	11.0	14.6
2003	33.2	10.9	12.8
2004	35.1	10.7	11.6
2005	34.2	10.9	10.7
2006	34.4	10.9	10.1
2007	34.6	11.0	9.7
2008	33.4	10.2	8.8
2009	37.2	10.4	9.5
2010	37.2	10.4	8.8
2011	36.1	10.4	8.4
2012	40.2	10.9	9.0
2013	43.8	11.2	9.4
2014	45.9	11.2	9.7
2015	49.6	11.5	10.6
2016	51.2	11.7	10.9
2017	48.7	12.1	12.0
2018	47.0	12.6	14.0

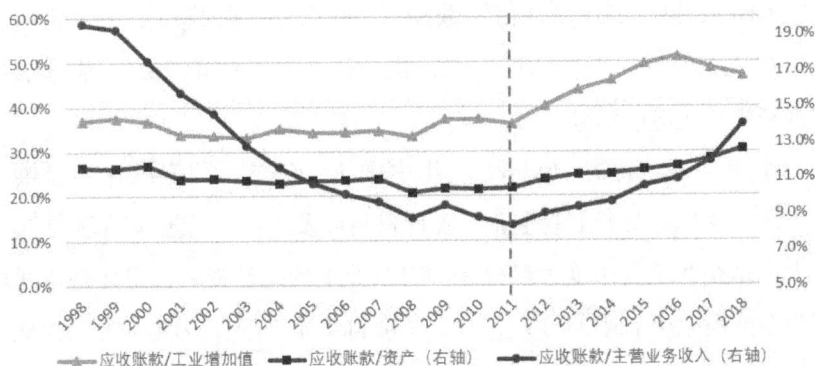

图 3.1　1998 年至 2018 年规模以上工业企业应收账款变化

2018 年，规模以上工业企业应收账款 14.3 万亿，占当年工业增加值的 47.0%，占企业总资产的 12.6%，占主营业务收入的 14.0%，均处于历史高位。值得指出的是，此处的"应收账款"实际上是应收账款总额减去坏账准备得到的"应收账款净额"，故实际的应收账款总量要大于公布的应收账款。

需要说明的是，此处工业增加值并不是"规模以上工业企业"的工业增加值，而是所有工业企业的工业增加值。这是因为，规模以上工业企业的工业增加值数据仅仅更新至 2007 年。从 2009 年起，国家统计局改革了规模以上工业增加值数据计算方法，正式实施工业企业成本费用调查。调查范围是全部大中型工业企业和部分规模以上小型工业企业，共约 10 万家。年度工业增加值的计算步骤是：首先根据工业企业成本费用调查数据计算出每个调查企业的工业增加值；再汇总出分行业中类、大类和总计工业增加值、工业总产值，并计算分行业工业增加值率（工业增加值与工业总产值的比率）；最后，利用调查企业的分行业工业增加值率乘以规模以上工业的分行业工业总产值即得到年度规模以上分行业的工业增加值并汇总出总的工业增加值。[①] 自 2008 年起，统计局只

----

① 参见 http://www.stats.gov.cn/tjzs/cjwtjd/201311/t20131105_455942.html

公布 GDP 中的"工业增加值"数据，不再公布"规模以上工业企业工业增加值"数据。考虑到可比性，我们统一使用 GDP 中的工业增加值数据来标准化应收账款。

作为对比，樊纲（1996）利用中国统计年鉴、国家统计局提供的"37 万家乡及乡以上工业企业"统计资料以及工商银行搜集整理的 4000 家大中型企业（其中绝大部分是国有企业）的统计资料，定义企业间负债为企业财务报表中的"人欠货款"项目（相当于"应收账款"），从而测算，在中国经济备受"三角债"问题困扰的 1994 年，工业企业间负债与工业增加值的比值约为 43%。可见，2018 年企业间负债与工业增加值之比重回 20 世纪 90 年代清理"三角债"时期的高位。

利用国家统计局公布的规模以上工业企业主要经济指标（月度数据），统计分析发现，规模以上工业企业的应收账款增速与主营业务收入增速和总资产增速之间的关系如图 3.2 所示。[①]可见，在 2011 年之前，应收账款增速系统性地低于主营业务增速，与总资产增速基本一致。但是，2012 年至 2018 年，应收账款的增速系统性地高于主营业务增速和总资产增速。通过计算简单平均增速可知，2001 年至 2011 年，应收账款的平均月度同比增速为 15.1%；与之相对，主营业务增速为 23.8%，总资产增速为 15.6%。[②]而 2012 年至 2018 年间，应收账款的平均月度同比增速为 11.3%，与之相对，主营业务增速为 8.3%，总资产增速为 9.2%。

---

①注意：第一，按照国家统计制度，为了消除春节日期不固定因素带来的影响，增强数据的可比性，按照国家统计制度，历年 1 至 2 月份数据一起调查、一起发布，故没有 1 月增速数据；第二，2007 年至 2010 年国家统计局只在 2 月、5 月、8 月、11 月等月份调查工业企业财务状况，没有按月度统计，本书用直线连接对应样本点，构成趋势线；第三，应收账款和总资产是存量指标，取月末值，计算同比，而主营业务收入为流量指标，取累计同比。

②因为 2007 年至 2010 年只有 2 月、5 月、8 月、11 月等月份数据，所以本书采取以下策略进行数据处理：假设 2 月、3 月增速与 2 月增速相同，4 月、5 月、6 月增速与 5 月相同，7 月、8 月、9 月增速与 8 月相同，10 月、11 月、12 月增速与 11 月相同。以此计算 2001 年至 2011 年间的月度平均同比增速。

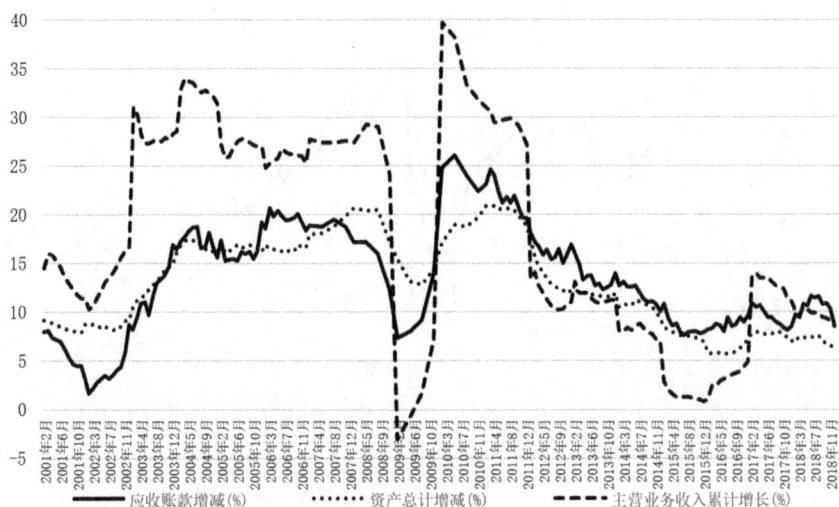

图 3.2　2001 年至 2018 年规模以上工业企业应收账款、主营业务收入、总资产、流动资产增速（月度同比，单位：%）

　　为了比较应收账款增速和工业增加值增速的关系，我们需要对价格因素进行调整。因为国家统计局公布的工业企业增加值增速已经剔除了价格因素，而应收账款数据为价格调整之前的数据，故须把工业增加值同比增速加上同期通胀，定义为价格调整之前的工业增加值同比增速。具体地，笔者取规模以上工业企业增加值累计同比增速，加上工业生产者出厂价格指数（PPI）月度同比增速的平均值，[①]构建价格调整之前的工业增加值累计同比增速指标。考虑通胀因素之后的规模以上工业企业应收账款增速和工业增加值增速对比如图 3.3 所示，同样，从 2012 年开始，应收账款增速明显高于工业增加值增速。实际上 2012 年至 2018 年间，应收账款的平均月度同比增速为 11.3%，工业增加值增速只有 7.4%。

---

　　① 例如，计算 1 月至 10 月价格调整之前的工业增加值累计同比增速等于 1 月至 10 月统计局公布的工业增加值累计同比增速加上 1 月至 10 月各月 PPI 同比增速的平均值。

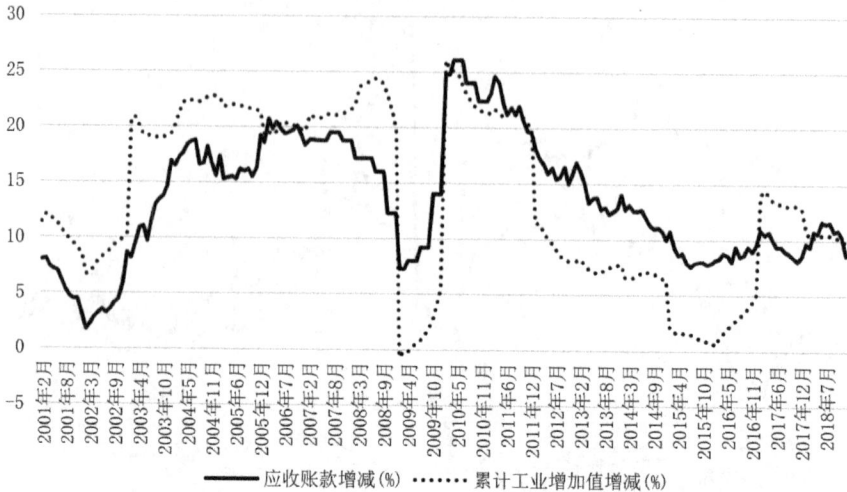

图 3.3　2001 年至 2018 年规模以上工业企业应收账款增速和工业增加值增速（均未经价格调整，月度同比，单位：%）

企业间负债天然具有"对称性"，即某个公司的应收款一定对应另一家公司的应付款①。从非金融企业整体而言，应收、应付款应该相抵。考察规模以上工业企业调查数据，应收款和应付款的规模的确大致相抵。

不同于应收账款，国家统计局只按年公布规模以上工业企业应付账款数据。笔者用工业增加值、总负债、主营业务成本来标准化应付账款，并比较应付账款和银行贷款余额，2003 年至 2016 年规模以上工业企业应付账款变化情况统计结果如表 3.2 和图 3.4 所示。

可见，2003 年至 2016 年间，应付账款与工业增加值之比持续上涨，2016 年已经接近 52%。2016 年，工业企业应付账款总额已经占到银行对工业企业贷款余额的约 59%。

---

① 有两处例外：一是直接面对终端消费者的企业，这些企业可能从消费者处收取了预收款等（例如手机话费充值、各种购物卡等）；二是以政府为客户的企业，这些企业持有大量的政府应付款（例如政府工程款）。

表 3.2　2003 年至 2016 年规模以上工业企业应付账款变化

年度	应付 / 工业增加值	应付 / 主营业务成本	应付 / 负债	应付 / 贷款
2003	32.2%	15.0%	17.9%	
2004	38.6%	15.2%	20.4%	
2005	38.3%	14.2%	21.1%	
2006	38.3%	13.4%	21.1%	
2007	39.0%	13.0%	21.4%	
2008	38.8%	12.1%	20.5%	
2009	42.1%	12.7%	20.4%	
2010	43.2%	12.2%	21.0%	53.7%
2011	41.7%	11.5%	20.7%	51.4%
2012	43.8%	11.7%	20.5%	50.7%
2013	46.8%	11.8%	20.6%	52.8%
2014	48.2%	12.0%	20.6%	54.6%
2015	49.4%	12.4%	20.2%	54.6%
2016	51.7%	13.0%	21.1%	58.6%

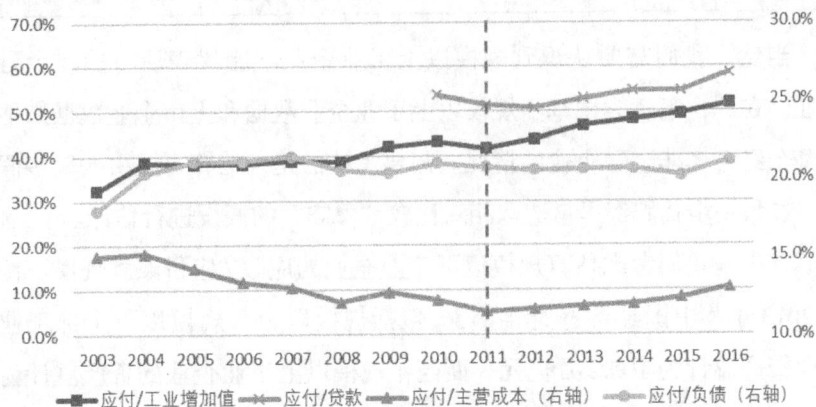

图 3.4　2003 年至 2016 年规模以上工业企业应付账款变化

　　笔者也考察了应收账款和应付账款之间的关系，规模以上工业企业应收账款和应付账款比较情况如表 3.3 所示。2016 年，规模以上工业企业应付账款总额为 12.8 万亿元，应收账款总额为 12.7 万亿元，基本相抵。事实上，如果计算应收账款与应付账款之比，比较接近 100%，2003 年至 2016 年平均值为 92%。注意此处的应收账款其实是应收账款净额，即按照会计准则核减坏账拨备后的应收账款数额。考虑到这一因素，规模以上工业企业应收账款总额应该很接近应付账款总额。这意味着规模以上工业企业作为一个整体，通过商业信用对外输出的资金和融入的资金大致相等。

表 3.3　2003 年至 2016 年规模以上工业企业应收账款和应付账款比较

（亿元）	2016	2015	2014	2013	2012	2011	2010
应收	126847	117246	107437	97403	84043	70502	61441
应付	128214	116886	112819	104106	91417	81392	71376
应收/应付	98.9%	100.3%	95.2%	93.6%	91.9%	86.6%	86.1%
（亿元）	2009	2008	2007	2006	2005	2004	2003
应收	51400	43934	38691	31692	26646	23084	18360
应付	58168	51067	43519	35370	29847	25420	17848
应收/应付	88.4%	86.0%	88.9%	89.6%	89.3%	90.8%	102.9%

当然，我们需要认识到规模以上工业企业不能代表所有的非金融企业。在此，笔者尝试基于规模以上工业企业数据和上市企业数据来估算整个经济体非金融企业的情况。需要承认的是，估算需要引入较多假设。在每一步我们都尽量选取相对比较"保守"的假设进行估计。

首先，我们考虑估算规模以下工业企业的应收/应付账款规模。按照 2013 年《中国经济普查年鉴》，包括规模以上和规模以下全部工业企业资产总计为 105.2 万亿元，而当年规模以上工业企业的资产总计为 87.1 万亿元，占 82.8%；全部工业企业主营业务收入为 113.8 万亿元，其中规模以上工业企业为 103.9 万亿元，占 91.2%。[①]2016 年规模以上工业企业应收账款占总资产的比例，对于大型企业是 10.2%，对于中型

---

① 参见 http://www.stats.gov.cn/tjsj/pcsj/jjpc/3jp/indexch.htm

企业是 12.0%，对于小型企业是 13.8%。按此规律，规模以下工业企业的应收账款占总资产的比例应该更高。出于保守估计，假设规模以下工业企业应收账款占其总资产的 14%。笔者假设 2016 年规模以上工业企业与规模以下工业企业的资产比例与 2013 年工业普查数据保持一致，2016 年规模以上工业企业总资产为 108.6 万亿元，则 2016 年规模以下工业企业总资产为 22.6 万亿元，按照 14% 的比例，估算规模以下工业企业应收账款的规模约为 3.2 万亿元。按此推算，2016 年工业企业整体的应收账款规模为 16.0 万亿元，占当年工业增加值的比例为 64.5%。坏账准备方面，考虑到 2016 年上市企业中制造业企业的应收账款（1 年以内）中"坏账准备"中位数为 5%，笔者假设工业企业整体上的坏账比例也为 5%，则核减坏账准备之前的应收账款总额约为 17 万亿元，占当年工业增加值的比例为 67.9%。

以上仅仅分析了工业企业。为了把以上分析应用于全体非金融企业，我们需要研究非工业企业的应收（应付）账款。笔者以 2015 年非金融上市企业数据为基础，按照行业大类构造行业总产值（营业收入总和），匹配 2015 年投入产出表[①]中行业大类的总产值数据，从而得到行业大类中上市企业产值占比。笔者假设应收账款与产值的比例在上市企业和非上市企业中保持一致[②]，可以计算出 2015 年非工业、非金融企业的应收账款规模，约为 10.3 万亿。同样，此处的应收账款为净额数据，如果同样按照 5% 的坏账率计算，2015 年非工业、非金融企业的应收账款的原始总量应为 10.8 万亿元。笔者保守估计 2016 年该数值为 11 万亿元，则 2016 年整个经济体所有非金融企业的应收账款规模约为 28 万亿元，占当年 GDP（74.4 万亿元）的 37.6%。而 2016 年 BIS 测算的中国非金融企业部门负债为 102.6 万亿元（约为 GDP 的 138%），由此可以推

---

① 参见 http://data.stats.gov.cn/ifnormal.htm?u=/files/html/quickSearch/trcc/trcc01.html&h=740
② 这是一个保守的假设，根据本书之前对工业企业的分析，非上市的、小微型企业的应收账款比例可能更高

算，非金融企业间负债超过企业部门负债的 1/4。

作为对比，马骏等（2012）以上市公司财务数据为基础，定义企业间负债为企业应付票据、应付账款、预收款项、其他应付款和长期应付款之和，推算 2010 年企业间负债总规模为 35.1 万亿元（2010 年），与当年 GDP（43.1 万亿元）之比为 81.4%。该研究把"其他应付款"和"长期应付款"也包括在内，实际上其他应付款是指企业在正常的商品交易业务以外发生的应付和暂收款项，而长期应付款主要有应付补偿贸易引进设备款或者应付融资租入固定资产租赁费等，与本书所讨论的"拖欠"问题相关性不大。

但是，如果区分不同规模企业看，结论大不相同。如表 3.4 所示，大型企业的应收账款历年均少于应付账款，平均来看，应收账款只有应付账款的 68%。中型企业应收应付大致相等。小型企业则恰好相反，应收账款历年均高于应付账款，平均来看，应收账款达到应付账款的 123%。考虑到工业企业整体应收应付的平衡，以及不同规模企业之间的失衡，我们可以说，从整体来看，大型企业"拖欠"小型企业的款项比较普遍。

表 3.4　2003 年至 2016 年不同规模企业的应收—应付比较（单位：%）

应收/应付	2016	2015	2014	2013	2012	2011	2010
整体	98.9	100.3	95.2	93.6	91.9	86.6	86.1
大型	78.5	78.9	71.7	68.5	70.0	65.9	58.1
中型	106.1	108.6	104.8	106.1	103.2	99.2	96.0
小型	133.9	135.1	136.0	138.7	131.5	123.3	121.1
应收/应付	2009	2008	2007	2006	2005	2004	2003
整体	88.4	86.0	88.9	89.6	89.3	90.8	102.9
大型	59.9	59.6	63.0	65.0	65.6	64.6	78.2
中型	100.1	94.3	98.3	98.0	97.5	100.0	112.9
小型	117.1	111.4	114.8	113.2	111.6	108.4	121.2

3.3 新冠肺炎疫情暴发之前政府已经多层次部署"清欠"工作

企业欠账是一个老问题，相关部门为治理企业欠账也付出了长期艰辛努力，出台了一系列规定。早在 2006 年，商务部联合发改委、公安部、税务总局、工商总局等部门联合颁布了《零售商供应商公平交易管理办法》，规定"零售商与供应商应按商品的属性在合同中明确约定货款支付的期限，但约定的支付期限最长不超过收货后 60 天"，且零售商不得以下列情形为由延迟支付供应商货款：（一）供应商的个别商品未能及时供货；（二）供应商的个别商品的退换货手续尚未办结；（三）供应商所供商品的销售额未达到零售商设定的数额；（四）供应商未与零售商续签供货合同；（五）零售商提出的其他违反公平原则的事由。虽然该办法也包括了一些监督和处罚规定，例如接受举报、对于违法行为责令改正、对违法所得处以罚款等，但缺乏落地机制，作用有限。2017 年 9 月，全国人大常委会对《中华人民共和国中小企业促进法》进行修订，针对中小企业受拖欠问题在本次修订中特别加入规定："国家机关、事业单位和大型企业不得违约拖欠中小企业的货物、工程、服务款项。中小企业有权要求拖欠方支付拖欠款并要求对拖欠造成的损失进行赔偿。"另外，也规定"中小企业以应收账款申请担保融资时，其应收账款的付款方，应当及时确认债权债务关系，支持中小企业融资"。2018 年 1 月 1 日，修订后的《中小企业促进法》正式实施。

2018 年以来，党中央、国务院对企业欠账尤其是机关、事业单位、大型企业、国有企业拖欠民营企业、中小企业款项问题的重视程度和治理力度进一步加大。2018 年 11 月 1 日，习近平总书记在民营企业座谈会上发表重要讲话，强调要不断为民营经济营造更好发展环境，帮助民营经济解决发展中的困难，包括纠正一些政府部门、大企业利用优势地位以大欺小、拖欠民营企业款项的行为。同月，李克强总理主持召开国务院常务会议，再次强调要限时清理政府部门和国有大企业拖欠民营企业账款，决定抓紧开展专项清欠行动，对欠款"限时清零"，对拖欠严重的企业列入失信"黑名单"并严厉惩戒问责。2018年12月，国务院常务会议再次讨论"加大对民营经济和中小企业的支持力度"，其中重要措施之一是规定"任何政府部门和单位、大型企业和国有企业，都不得违约拖欠中小企业款项"。2019年1月，国务院常务会议再次重点关注拖欠账款问题，李克强总理专门听取清理拖欠民营企业、中小企业账款工作汇报，强调要加大清欠力度并完善长效机制。根据中央统一要求，各部委、各地区广泛开展清欠工作。

部委层面，联席会议办公室加强统筹协调和督促指导，财政部、国资委组织中央部门、监管企业开展清欠，原人力资源社会保障部牵头开展农民工工资支付情况专项执法行动，审计署加大审计监督力度，发展改革委清理政务失信案件，推动拖欠问题的解决形成了工作合力。地方层面，各地强化主体责任，全面开展排查，建立账款台账和清偿计划，扎实推进清欠工作。例如，2018年11月，江西出台政策，要求全面清理偿还政府及其相关部门拖欠的工程款、物资采购款，明确置换债券资金优先安排偿还存量政府债务中对企业的欠款，作为进一步降低企业经营成本、优化发展环境的重要举措。北京市2019年政府工作报告中提出要"坚定不移支持民营企业发展"，出台促进民营经济健康发展意见，营造公平竞争市场环境，包括纠正一些政府部门和国有企业拖欠民营企业款项的行为。陕西成立清理拖欠民营企业中小企业账款督导组，清理偿还省、市、县政府部门及其所属机构（包括所属事业单位）拖欠民营企业中小企业的逾期账款，以及省内大型国有企业（包括政府平台公司）因业务往来拖欠民营企业中小企业的逾期账款，并严禁新增欠款。2019年2月25日，国务院新闻办公室举办政策例行吹风会，工信部副部长辛国斌和财政部、国资委有关负责人介绍清理拖欠民营企业、中小企业账款阶段性工作进展有关情况，强调"清欠工作任务重、责任大、使命光荣，对于支持民营经济发展具有十分重要的意义"。截至 2019 年 1 月，全国政府部门、大型国有企业已清欠 1600 多亿元，其中优先清偿拖欠的农民工工资和民生工程款项等。[①]

　　2019 年 2 月，中共中央办公厅、国务院办公厅印发《关于加强金融服务民营企业的若干意见》，其中要求"加快清理拖欠民营企业账款"，指出"坚持边界清晰、突出重点、源头治理、循序渐进，运用市场化、法治化手段，抓紧清理政府部门及其所属机构（包括所属事业单位）、大型国有企业（包括政府平台公司）因业务往来与民营企业形成的逾期欠款，确保民营企业有明显获得感。政府部门、大型国有企业特别是中央企业要做重合同、守信用的表率，认真组织清欠，依法依规及时支付各类应付未付账款。要加强政策支持，完善长效机制，严防新增拖欠，切实维护民营企业合法权益。"2019 年 10 月，国务院发布的《优化营商环境条例》规定，国家机关、事业单位不得违约拖欠市场主体的货物、工程、服务等账款，大型企业不得利用优势地位拖欠中小企业账款，县级以上人民政府及其有关部门应当加大对国家机关、事业单位拖欠市场主体账款的清理力度，并通过加强预算管理、严格责任追究等措施，建立防范和治理国家机关、事业单位拖欠市场主体账款的长效机制。各级地方政府普遍将优化营商环境作为激发市场主体活力、增强招商引资能力、推动地方经济高质量发展的重要抓手，将治理拖欠写入《优化营商环境条例》有助于调动地方政府"清欠"积极性并形成长效机制。2019 年 12 月，工信部称，截至 2019 年 11 月底，全国各级政府部门和大型国有企业共偿还拖欠民营企业账款 5800 多亿元，清欠工作总体进展顺利，清理拖欠民营企业账款工作中央层面清偿进度为 91%，地方层面清偿进度为 61%，31 个省区市和新疆生产建设兵团皆表示年底前能够完成今年政府工作报告提出的清偿一半以上的目标任务。其中，中央企业在

---

①参考：宁坤、石鹏 . 国新办吹风会：清偿民营企业账款超过 1600 亿元 拖欠农民工工资已全部清零 . 央视财经，2019 年 2 月 25 日。

清欠工作中努力克服被上游拖欠、资金压力大、欠款情况复杂等难题，截至 2019 年 12 月已基本实现国资委要求的"双清零"目标。

3.4 新冠肺炎疫情加大企业"三角债"问题死灰复燃风险

新冠疫情暴发以来，企业欠账问题有所恶化，企业"三角债"问题有"死灰复燃"风险。一是疫情导致企业生产成本上升，增加拖欠风险。根据笔者 2020 年一季度对山东纺织行业某规模以上企业的访谈，新冠肺炎疫情暴发初期企业完全停产停工，现金流吃紧，而复产复工之后，企业一方面需要额外支付大量防护成本（既包括采购口罩、防护服、消毒液、额温枪等费用，又包括外地返工员工的交通、隔离、食宿费用等）；另一方面还要面对原材料采购压力、客户"催订单"压力和物流成本上升等三重压力，现金流压力巨大，经营难度加大，客观上增加拖欠风险。二是企业采取"自保"策略引发连锁反应导致全产业链账期明显延长。新冠肺炎疫情扰乱供应链，导致企业现金流吃紧，企业"现金偏好"明显上升，采取"自保"策略，针对供应商尽量延长账期，针对客户则尽量压缩账期。这一"避险"心理有其合理性，但各个企业的局部最优决策从宏观上看很可能破坏正常的商业信用流动，导致上下游企业都因欠缺资金而被迫拖欠，反而变相拖长了账期，产生连锁反应。实际上，20 世纪 90 年代"三角债"问题久拖不决的原因之一就是很多企业生硬采取"不还旧债、不付货款、不发新货"的"自保"策略，产生连锁拖欠。三是企业间"大鱼吃小鱼"的恶性挤占利润行为可能加剧。新冠肺炎疫情在冲击供应链的同时也可能改变供应链上企业之间的"权力结构"，大型企业、国有企业、核心企业的优势地位可能进一步凸显，这些企业有可能利用这一优势地位进一步谋求账期延长，挤占民营企业、中小企业的利润空间。这将造成供应链在若干大型企业、国有企业、核心企业形成"资金堰塞湖"，它们持有较多现金却不及时付款，而供应链其他企业则备受流动性困扰。四是政府被迫拖欠应付款的风险也会上升。各地在抗击疫情的过程中政府部门和国有企业积累了较多应付款，而税收下降、财政压力加大的同时，被拖欠的企业也备受困扰。疫情发生以来，各级政府快速响应，管控机制不断升级，政府支出加大，财政压力加大。一方面，政府和国有企业（包括医院）在抗疫方面的支出（例如抗疫物资购置、医疗设备投资、核酸检测支出、医院建设、医护人员和防疫志愿者补贴等）增加，有些支出并非现金结算，而以应收/应付款的形式在企业挂账；另一方面，财政压力加大，导致政府及时偿付存量应付款（尤其是各类工程款）的难度上升。

3.5 新冠肺炎疫情期间政策加速落地，治理欠账成为稳定市场主体尤其是中小企业的重要措施

在这一情况下，政府加大力度稳市场主体，将治理机关、事业单位和大型企业欠款问题作为帮扶中小企业的重要措施。其中，关键举措之一是正式出台《保障中小企业款项支付条例》（以下简称《条例》）。《条例》于 2020 年 7 月发布、2020 年 9 月正式实施，针对机关、事业单位和大型企业采购中小企业货物、工程和服务，《条例》从七个方面做出了明确规定。一是明确账期要求，即机关、事业单位从中小企业采购货物、工程、服务，应当自货物、工程、服务交付之日起 30 日内支付款项；合同另有约定的，付款期限最长不得超过 60 日。大型企业从中小企业采购货物、工程、服务，应当按照行业规范、交易习惯合理约定付款期限并及时支付款项。二是明确限制使用"承兑汇票"，即机关、事业单位和大型企业使用商业汇票等非现金支付方式支付中小企业款项的，应当在合同中作出明确、合理约定，不得强制中小企业接受商业汇票等非现金支付方式，不得利用商业汇票等非现金支付方式变相延长付款期限。三是

明确付息要求，机关、事业单位和大型企业延迟支付中小企业款项的，应当支付逾期利息。双方对逾期利息的利率有约定的，约定利率不得低于合同订立时 1 年期贷款市场报价利率；未作约定的，按照每日利率万分之五支付逾期利息。四是明确应收款融资要求，即中小企业以应收账款担保融资的，机关、事业单位和大型企业应当自中小企业提出确权请求之日起 30 日内确认债权债务关系，支持中小企业融资。五是明确信息公示要求，即机关、事业单位和大型企业需要将逾期尚未支付中小企业款项的合同数量、金额等信息定期向社会公示。六是明确处罚机制，对于违反《条例》的机关、事业单位和大型企业列出了相应处罚措施。七是明确地方政府工作要求，即省级以上人民政府负责中小企业促进工作综合管理的部门应当建立便利畅通的渠道，受理对机关、事业单位和大型企业拒绝或者延迟支付中小企业款项的投诉，受理投诉后应责成有关部门及时处理。同时，省级以上人民政府要建立督查制度，对及时支付中小企业款项工作进行监督检查。《条例》生效后，各部委出台配套措施，例如，工信部 2021 年 12 月发布《保障中小企业款项支付投诉处理暂行办法》，规定经调查、核实，依法认定机关、事业单位和大型企业不履行及时支付中小企业款项义务，情节严重的，受理投诉部门可依法依规将其失信信息纳入全国信用信息共享平台，并将相关涉企信息通过"信用中国"网站和企业信用信息公示系统向社会公示，依法实施失信惩戒。各地也普遍建立起违约拖欠中小企业款项登记（投诉）平台。

但是，随着新冠肺炎疫情持续蔓延严重冲击国内外经济，中小企业被欠款问题再次呈现恶化态势，"边清边欠、前清后欠"的情况接连发生。一方面，大型企业可以利用其下属企业和分支机构与中小企业交易，而这些下属企业和分支机构可能难以被认定为"大型企业"，从而规避《条例》相关规定。另一方面，考虑到商事活动的复杂性，避免行政手段不当干预经济活动，《条例》并未就大型企业与中小企业之间的付款周期做出指导性规定，仅强调"按照行业规范、交易习惯合理约定付款期限并及时支付款项"。同时，经济下行压力进一步加大了中小企业对大客户的依赖度，中小企业对大型企业的拖欠行为更加"敢怒不敢言"。2021 年 12 月，李克强总理在国务院常务会议上指出，受国内外复杂严峻环境和疫情多点散发等因素影响，中小企业应收账款增长较快、被拖欠情况增多，要求依法依规加大对拖欠中小企业账款的整治力度，整治滥用市场优势地位恶意拖欠账款行为。2022 年 2 月，工信部表示将开展防范化解中小企业账款拖欠专项行动，大企业、机构拖欠中小企业的款项被列入整治重点。2022 年 3 月，李克强总理在向十三届全国人大五次会议作政府工作报告时再次强调，要加大拖欠中小企业账款清理力度，规范商业承兑汇票使用，机关、事业单位和国有企业要带头清欠。2022 年 5 月，工信部印发《加力帮扶中小微企业纾困解难若干措施》，列出包括治理拖欠问题在内的十项关键措施，要求开展防范和化解拖欠中小企业账款专项行动，集中化解存量拖欠，实现无分歧欠款应清尽清，确有支付困难的应明确还款计划，对于有分歧欠款要加快协商解决或运用法律手段解决，同时加大对恶意拖欠中小微企业账款、在合同中设置明显不合理付款条件和付款期限等行为的整治力度。工信部强调，防范和化解拖欠中小企业账款专项行动设立了以工信部为组长单位，人民银行、发展改革委、财政部、国资委、银保监会为副组长单位的协调小组，压实地方属地责任和部门监管责任，集中化解拖欠，严防新增拖欠，健全防范和化解拖欠中小企业账款长效机制。

　　各地方政府也将治理"拖欠"问题、促进企业间款项及时支付作为改善营商环境的重要抓手。典型做法如下表 3.5 所示，主要包括三类。一是按照国务院要求开展防范和化解拖欠中小企业账款专项行动，尤其是尽快清理无分歧账款。二是细化实化企业间款项拖欠问题的投诉、响应和综合服务机制。例如，四川出台保障中小企业款项支付投诉办理实施细则，北京上线防范化解拖欠中小企业账款"一站式"网络服务平台等。三是加强对中小微企业法律支持，例如广东、山东等建立健全拖欠中小企业账款案件的"绿色通道"，保障中小企业通过法律手段加快回收各类应收款。

表 3.5 各地促进企业间款项及时支付的典型做法

地市	典型举措	简述
北京	2022 年，北京上线防范化解拖欠中小企业账款"一站式"网络服务平台	集中发布国家和北京市出台的保障中小企业账款支付相关政策及办事指南，为中小企业提供政策支持和服务引导，同时接入国家和北京市中小企业账款问题投诉平台，实现一网查询、一键通达、一站办理。
上海	2022 年，上海开展防范和化解拖欠中小企业账款专项行动	专项行动包括全面排查、集中化解、信息披露、惠企服务、权益保护等五方面工作，对其中的无分歧账款，将保持 100% 清欠率，对于有支付困难的账款，也将明确还款计划。
广东	2022 年，广东发布《广东省进一步支持中小企业和个体工商户纾困发展的若干政策措施》《广东省促进中小企业（民营经济）发展工作领导小组办公室关于抓紧抓实防范和化解拖欠中小企业账款专项行动方案的通知》等，开展防范和化解拖欠中小企业账款行动。	优化中小企业款项支付投诉渠道，在"粤商通"和广东政务服务网上线投诉与处理平台，企业可实时跟踪办理进度。建立办理拖欠中小企业账款案件"绿色通道"，开展拖欠中小企业账款案件专项执行行动，及时兑现中小企业胜诉权益。遴选 3—5 家优秀律师事务所，组建中小企业款项支付法律服务团队，根据服务情况对律师事务所给予费用补贴。
四川	2022 年，四川省发布《四川省保障中小企业款项支付投诉办理实施细则（暂行）》	在全国率先建立清理拖欠中小企业账款与根治拖欠农民工工资工作联动机制。探索建立川渝两地保障中小企业款项支付跨区域联动机制。聚集中小企业服务机构、法律服务机构、金融服务机构和志愿者服务机构等社会力量，为被拖欠款项的中小企业提供全流程的咨询、辅导、诊断、协调、诉讼、融资等专业服务。按照违约拖欠账款单位的类别，有针对性提出切实可行、精准适用、力度大的惩戒措施。
山东	2022 年，山东省高级人民法院发布关于开展拖欠民营企业中小微企业账款案件专项执行行动的方案	对于申请执行人为民营企业中小微企业的执行案件，要开通"绿色通道"，优先登记立案、优先执行、优先发放执行案款，确保民营企业中小微企业及时回笼资金。要求建立健全办理拖欠民营企业中小微企业账款案件长效机制，将清理拖欠账款工作情况纳入营商环境指标体系。

数据来源：作者根据公开资料整理

3.6 本章小结：企业欠债问题的主要表现是"大欺小"问题

当下企业间拖欠问题主要体现为"大欺小"的结构性问题，即大型的、市场势力强的企业拖欠小型的、市场势力弱的企业的款项。本书第4章将做更加详细、严谨的论证。在这个意义上，企业间拖欠带来的主要问题是中小企业资金压力大、供应链无效率，而不是企业间相互拖欠带来的宏观金融风险。

20世纪90年代清理"三角债"时期的主要应对之策是通过银行给关键企业注资，并促使关键企业用这些资金清偿自己所拖欠的上游供应商的债务，其上游供应商再用这些款项来清偿所欠他们供应商的款项，以此类推，达到"四两拨千斤"的效果。但目前的拖欠主体（大型的、国有的、市场势力强的企业）实际上具有较为充足的现金流、较低的融资成本和较好的市场前景，完全有能力清偿其拖欠的款项，但是因为其自身的治理问题，无法做到准时付款，导致整个供应链的无效率。我们将在第5章详细分析其原因以及带来的不良影响。

目前我们推行的主要政策是要求国有大型企业"限时清零"其所欠民营、小型企业的拖欠款。但这一政策可持续性有限。我们将在第6章梳理发达国家在应对企业家拖欠方面的举措，主要是针对"延期支付"进行"账期限制"并强制"罚息"，并在此基础上结合中国实际提出政策建议。

第 4 章 市场优势地位和商业信用：
"大欺小"实证检验

第 3 章利用国家统计局公布的工业企业整体数据，以应收应付账款作为企业间拖欠款项的衡量指标，初步揭示了企业间拖欠的结构性问题，主要变现为大企业"拖延付款"问题更严重。本章将利用 1991 年至 2017 年中国 A 股非金融上市企业微观数据更加严谨、细致地论证大企业的应付款占比更大、净输出商业信用更少的内在机理，并利用 2004 年至 2009 年中国工业企业微观数据做稳健性检验。通过进一步验证发现，往往那些被认为具有信贷优势的国有企业以及有息负债利率低的企业反而持有更多的应付款，净输出商业信用反而更少，且以上结论对于不同的衡量方法和回归手段保持稳健。

本章 4.1 部分介绍"市场优势地位和商业信用"相关的研究背景并提出假设，4.2 部分说明研究设计和样本数据，4.3 部分做实证分析，4.4 部分做本章总结。

4.1 研究背景和假设

下面从商业信用的输出和输入角度来研究企业间负债和"拖欠"问题，商业信用输出（持有应收款）相当于对外借出资金，是可能被其他企业拖欠的款项，商业信用输入（持有应付款）则相当于从其他企业借入资金，是可能会拖欠其他企业的款项。市场势力和商业信用输出之间的关系并不明朗。笔者对相关文献脉络进行了梳理（见表 4.1）。

传统文献往往认为市场势力强的企业输出商业信用应该更多，因为市场势力强的企业一般拥有更强的外部融资能力，可以低成本从正规金融渠道获得资金支持，且市场势力强的企业有更强的能力收回应收款。Peterson 和 Rajan（1997）认为企业输出商业信用是基于其外部融资能力、对生意伙伴的了解程度、在资产清算方面的优势以及对生意伙伴的重要程度，并利用美国小企业财务调查数据进行了验证，验证结果发现确实大企业输出的商业信用更多。Nielson（2002）利用美国统计局企业季度整体报告以及上市企业数据，发现中小企业以及没有信用评级的大企业依赖商业信用融资，而有信用评级的大企业可以凭借信贷融资，这意味着有信用评级的大企业相对于中小企业和没有信用评级的大企业输出更多的商业信用。Banerjee、Dasgupta 和 Kim（2004）利用美国制造业企业 1979—1997 年数据，发现大企业输入商业信用更少，输出商业信用更多，他们认为这主要是大企业的外部融资成本更低的原因所导致。

表 4.1　研究市场势力和商业信用输出之间关系的文献汇总

研究者及论文发表时间	数据	主要发现
Peterson 和 Rajan（1997）	美国小企业调查数据（1987）	相对于小企业，大企业更多输出商业信用
Nielson（2002）	美国制造业企业季度财务数据（汇总数据）以及 Compustat 微观企业财务数据	当货币政策收紧时，小企业和没有信用评级的大企业依赖商业信用融资，而有信用评级的大企业可以信贷融资
Banerjee、Dasgupta 和 Kim（2004）	美国制造业企业，1979—1997 年	大企业输入商业信用更少，输出商业信用更多

研究者及论文发表时间	数据	主要发现
Allen、Qian 和 Qian（2005）	中国有企业业宏观数据和调查数据	包括商业信用在内的"非正规"融资渠道以及基于信誉和私人关系的外部治理机制是中国私有部门快速增长的"最重要因素"
Ge 和 Qiu（2007）	中国社会科学院 2000 年企业调查数据	非国有企业相对于国有企业更多地使用商业信用（作为资金接受方），这主要是出于融资目的而非经营和交易目的
王彦超（2014）	1999 年至 2011 年中国上市企业	借贷能力强的企业从银行获取贷款后，通过应收款转移给借贷能力较弱的企业，可以实现信贷资源的"二次分配"
张杰和刘东（2006）	江苏省制造业中小企业问卷调查（有效样本不到 300）	商业信用并不能作为中小企业的融资来源，实际上约 2/3 的中小企业是商业信用的净借出者，且应收款与应付款存在期限错配
徐晓萍和李猛（2009）	2007 年上海市中小企业问卷调查（有效样本不到 400）	中小企业提供了过多的商业信用，且企业越小，其提供的商业信用越多
苏汝劼和冯晗（2009）	2004 年至 2006 中国上市企业	应收账款（用主营业务收入标准化）与企业规模的关系表现为负相关
张新民、王珏和祝继高（2012）	2014 年至 2010 年中国上市企业	商业信用融资和银行借款都会向市场地位高的企业集中
张杰和冯俊新（2011）	2003 年至 2007 年中国工业企业	商业信用净输出与企业规模之间呈现显著的"U 型"关系
王明虎和席彦群（2013）	2000 年至 2010 年中国上市企业	商业信用供给与企业规模之间存在"U 型"关系

　　关于中国有企业业间商业信用的研究也多顺承这一思路。例如，Allen、Qian 和 Qian（2005）认为，包括商业信用在内的"非正规"融资渠道以及基于信誉和私人关系的外部治理机制是中国私有部门快速增长的"最重要因素"。Ge 和 Qiu（2007）使用中国社会科学院 2000 年企业调查数据，发现非国有企业相对于国有企业更多地使用商业信用（作为资金接受方），这主要是出于融资目的而非经营和交易目的。王彦超（2014）发现借贷能力强的企业从银行获取贷款后，通过应收款转

移给借贷能力较弱的企业，可以实现信贷资源的"二次分配"，且这一机制在国有企业以及国家重点扶持的行业中表现更显著，这意味着商业信用丰富了信贷市场的资金配置渠道，扮演了重要的"二次信用分配"功能。

也有文献发现了相反的结果。张杰和刘东（2006）利用江苏省制造业中小企业问卷调查（有效样本企业不到300家）数据发现商业信用并不能作为中小企业的融资来源，实际上约2/3的中小企业是商业信用的净借出者，且应收款与应付款存在期限错配，加剧了资金链风险。徐晓萍和李猛（2009）利用2007年上海市中小企业问卷调查样本（其中包含所有关键信息的问卷数不到400）发现中小企业提供了过多的商业信用，且企业越小，其提供的商业信用越多。遗憾的是，这两篇文章都是基于小规模调查数据。苏汝劼和冯晗（2009）指出，在中国应收账款（用主营业务收入标准化）与企业规模的关系表现为负相关，并从企业网络的角度分析原因。张新民、王珏和祝继高（2012）发现商业信用融资和银行借款都会向市场地位高的企业集中。近年来有一些文献试图证明商业信用与企业规模之间存在"U 型"或者"倒 U 型"的非单调关系，我们称之为商业信用的"企业发展阶段理论"。例如，张杰和冯俊新（2011）利用工业企业数据库发现企业规模与商业信用净输出之间呈现显著的 U 型关系，这意味着企业规模较小和较大的企业输出更多商业信用，而企业规模中等的企业输入更多的商业信用。王明虎和席彦群（2013）利用上市企业数据也发现商业信用供给与企业规模之间存在 U 型关系，在企业达到一定规模之前，主要依赖商业信用融资，随着规模扩大，商业信用融资的边际成本上升，导致商业信用供给减少；企业达到一定规模之后，银行信贷比例增加，引发商业信用融资减少、商业信用供给增加的现象。但是，仔细考虑这两篇文献中企业规模及其二次项对应的系数，我们发现绝大多数样本位于二次函数"拐点"的同一侧，仍然是单调的相关关系而非 U 型关系。

如果把视线从学术界转向业界和政策界，可以发现备受关注的问题是有市场势力的企业严重拖欠没有市场势力的企业款项，主要表现为"款额大、账期长、要账难"。

根据工信部中小企业局公布的相关数据，发现企业之间，尤其是大企业拖欠小微企业的资金问题十分严重，近六成的企业存在被买方拖欠货款的情况，这种拖欠还导致了"连锁拖欠"（工信部中小企业局，2018）。2018 年 1 月 1 日正式实施的《中华人民共和国中小企业促进法》规定"国家机关、事业单位和大型企业不得违约拖欠中小企业的货物、工程、服务款项。中小企业有权要求拖欠方支付拖欠款并要求对拖欠造成的损失进行赔偿"，且"中小企业以应收账款申请担保融资时，其应收账款的付款方，应当及时确认债权债务关系，支持中小企业融资"。2018 年 11 月 1 日，习近平总书记在民营企业座谈会上发表重要讲话，强调要不断为民营经济营造更好发展环境，帮助民营经济解决发展中的困难，包括纠正一些政府部门、大企业利用优势地位以大欺小、拖欠民营企业款项的行为。这之后，国务院常务会多次提出要"限时清理"政府部门、国有企业和大企业拖欠民营企业和中小企业的款项。根据中央统一要求，各部委、各地区已经开始广泛开展清欠工作并取得初步成果。

由此可见，不同于传统文献中假设的"大帮小"（大企业以低成本从金融市场和金融机构融资，基于供应链合作形成的信息优势和信任基础，并以商业信用的形式输送给其供应链上的中小企业，实现资金的"二次配置"功能），在中国"大欺小"（大企业利用商业信用来占用中小企业的资金）问题可能更加突出。因此，有必要更加细致深入探讨。基于以上分析，本章提出以下假设：

假设 1：企业规模越大，净输出商业信用越少，该正相关是"单调"的而非 U 型关系。

假设 2：相对于民营企业，国有企业净输出商业信用更少。

4.2 研究设计和数据

本节使用 1991 年至 2017 年中国 A 股非金融上市企业数据进行论证，数据来源为国泰安（CSMAR）数据库，其中，对 ST（暂停交易）和 PT（特别转让）的企业样本做删除处理。考虑到 2006 年财政部制定的新的企业会计准则体系是以 2007 年 1 月 1 日起正式施行，因此有必要用 2007 年至 2017 年数据做子样本回归作为稳健性检验。

本研究设计使用控制固定效应的面板回归来检验商业信用与市场势力之间的关系。在主要回归中，同时控制企业固定效应和"行业 × 年度"固定效应。与其他文献分别控制行业和年度固定效应（如苏汝劼和冯晗，2009）或者仅控制企业和年度固定效应（如王彦超，2014）相比，该种控制方法一方面控制了企业层面的不可观测因素对结果的影响，另一方面也控制了不同年份不同行业在商业信用上的整体水平（相当于控制了随着时间变化行业发生的总体变化，而非仅仅行业特征和年度特征），从而可以更加清晰地识别出企业规模对商业信用的影响。如果某一指标对于同一企业时间序列上变化不大（例如产权性质），则不控制企业固定效应，只控制"行业 × 年度"固定效应。本研究也测试仅控制"行业 × 年度"固定效应是否对结果有影响。本研究设计的回归模型为：

$$TC_{it}=\alpha+\beta_1 Power_{it}+\gamma X_{it}+FE_i+FE_{jt}+\epsilon_{it} \tag{41}$$

其中，TC 是商业信用输出和输入的相关指标，Power 是企业的市场势力（本节重点关注企业规模和产权性质，对于企业规模，为了探究"非线性"影响，我们也控制其平方项），X 是一列控制变量（包括企业年龄、固定资产占比、销售资产比、销售增长率、毛利润率、现金持有水平、金融负债水平等），FE_i 是企业固定效应，FE_{jt} 是"行业 × 年度"固定效应，ϵ_{it} 是误差项。为了控制自相关和异方差带来的影响，在企业层面上做方差集聚（clustering）。本节使用 Stata MP 15.0 reghdfe 命令做回归分析。

文献中一般用两种方法来衡量商业信用：（1）从交易对象来看，"应付账款＋应付票据－预付款项"是企业与其上游供应商之间的商业信用，而"应收账款＋应收票据－预收款项"是企业与其下游客户之间的商业信用（如，王明虎，2015；李任斯，2016）；（2）从商业信用方向来看，应付账款、应付票据和预收账款代表商业信用的"输入"，而应收账款、应收票据和预付账款代表商业信用的"输出"（如，陆正飞和杨德明，2011；郑军、林钟高和彭琳，2013）。本研究设计也分别用这两种方法来构建商业信用指标。[①] 不管用以上哪种方法，两者之差都为"商业信用净输出"，大于 0 意味着企业净输出商业信用，反之则为净输入商业信用。

表 4.2 中列出了相关变量及其具体定义。为了排除极端值影响，所有的连续变量均在 1% 和 99% 分位数上进行了缩尾处理（winsorizing）。描述性统计如表 4.3 所示。

表 4.2　研究市场势力和商业信用关系模型的变量定义表

	英文名	中文名	变量定义
商业信用	Rec_Asset	应收 / 资产	（应收账款＋应收票据＋预付款项）/ 总资产
	Pay_Asset	应付 / 资产	（应付账款＋应付票据＋预收款项）/ 总资产
	Net_Rec_Asset	客户应收 / 资产	（应收账款＋应收票据－预收款项）/ 总资产
	Net_Pay_Asset	供应商应付 / 资产	（应付账款＋应付票据－预付款项）/ 总资产
	Net_Asset	净应收 / 资产	应收 / 资产 － 应付 / 资产
市场势力	LnAsset	资产规模	资产总计，取对数值
	LnAsset^2	资产规模平方项	资产总计的对数值的平方
	SOE	国有企业	按照 CSMAR 数据库对公司"实际控制人性质"信息的标记，"国有企业"取值为 1，"民营"取值为 0。在涉及 SOE 的回归中，不考虑没有控制人信息或者控制人为外资或者国有企业、民营、外资的某种组合的样本

①需要说明的是，本研究设计将对应条目缺失的观测赋值为零，而非直接从样本中删除。我们也测试了直接删除的效果，结论保持稳健。

	英文名	中文名	变量定义
控制变量	LnAge	企业年龄	企业从成立以来的年数，取对数值
	Fixed_Asset	固定资产占比	固定资产净值 / 总资产
	Sale_Asset	资产周转率	营业收入 / 总资产
	Sale_Growth	销售增长率	本期营业收入 / 上期营业收入 – 1
	Profit_Sale	毛利润率	营业利润 / 营业收入
	Cash_Asset	现金持有水平	货币资金 / 总资产
	Debt_Asset	金融负债水平	（短期借款 + 长期借款 + 应付债券 + 一年内到期的长期负债）/ 总资产
	Industry	行业	按照证监会 2012 年行业分类指导标准，其中制造业取二级分类，其他行业取一级分类

表 4.3　描述性统计

变量	观测数	平均值	标准差	最小值	中位数	最大值
Net_Pay_Asset	34343	0.0845	0.0977	–0.1340	0.0629	0.4072
Net_Rec_Asset	34343	0.1091	0.1388	–0.2844	0.0962	0.5044
Pay_Asset	34343	0.1531	0.1185	0.0030	0.1219	0.5537
Rec_Asset	34343	0.1777	0.1252	0.0025	0.1560	0.5635
Net_Asset	34343	0.0245	0.1447	–0.4023	0.0245	0.4193
LnAsset	34343	21.717	1.2709	18.905	21.578	25.528
LnAsset^2	34343	473.26	56.251	357.41	465.61	651.70
SOE	25351	0.5299	0.4991	0.0000	1.0000	1.0000
LnAge	34343	2.5579	0.5052	0.6931	2.6509	3.3816
Fixed_Asset	34343	0.2524	0.1766	0.0014	0.2193	0.7459
Sale_Asset	34343	0.6648	0.4844	0.0429	0.5449	2.7313
Sale_Growth	34343	0.2243	0.5715	–0.6781	0.1253	4.0284
Profit_Sale	34343	0.0760	0.2189	–1.3629	0.0694	0.7956
Cash_Asset	34343	0.1681	0.1261	0.0062	0.1346	0.6812
Debt_Asset	34343	0.1900	0.1504	0.0000	0.1768	0.6348

4.3 实证结果和分析

4.3.1 主要结果 1：企业规模越大，净输出商业信用越少

首先，检验企业的应收、应付款与企业规模之间的关系。苏汝劼和冯晥（2009）指出，在中国，商业信用（以应收账款与主营业务收入之比衡量）与企业规模的关系表现为负相关，并从"关系网依赖程度"角度分析原因，但没有考虑以应付账款为代表的商业信用输入与企业规模相关联的因素。张杰和冯俊新（2011）利用工业企业数据库发现企业规模与商业信用净输出之间呈现显著的 U 型关系，这意味着企业规模较小和较大的企业输出更多商业信用，而企业规模中等的企业输入更多的商业信用。王明虎和席彦群（2013）认为商业信用供给和企业规模之间存在非线性关系——随着企业规模扩大，商业信用供给先下降后上升，表现为"U"型关系。但其未对系数的相对大小进行细致考察。笔者认为，虽然回归中资产本身对应的系数为负，平方项对应的系数为正，即理论上应该存在 U 型关系，但实际上 U 型的"拐点"对应的资产规模非常庞大，所有的上市公司尚位于拐点的左侧，即处于"负相关"的区间。

使用模型（41）进行回归，采用控制固定效应的面板回归，分别控制企业固定效应和行业—年度固定效应，并在企业层面做方差集聚（clustering）。同时，本研究也仅控制行业—年度固定效应作为辅助检验。首先用"应收账款＋应收票据－预收款项"与总资产之比（Net_Rec_Asset）来衡量商业信用输出，用"应付账款＋应付票据－预付款项"与总资产之比（Net_Pay_Asset）来衡量商业信用输入，回归分析的结果如表 4.4 所示。可见，无论是何种固定效应结构，应付款与企业规模显著正相关，应收款与企业规模显著负相关。这意味着，企业越大，其持有的应付款越多，对应的应收款就越少。即企业越大，占用其他企

业的资金就越多，被其他企业占用资金就越少。具体考察其系数大小，在控制行业—年度固定效应的设定下，企业规模增大一倍，Net_Pay_Asset 增加约 0.9 个百分点，相当于样本中位数（0.0625）的 14%。样本中按企业规模排序的 3/4 分位数对应 LnAsset=22.5，而 1/4 分位数对应数值为 20.8，则在其他因素相同的条件下，3/4 分位数企业的应付款与资产之比高于 1/4 分位数企业 2.1 个百分点（相当于样本中位数的 1/3）。类似地，对于 Net_Rec_Asset，企业规模增大一倍，Net_Pay_Asset 减小约 1.4 个百分点，相当于样本中位数（0.0956）的 14%。在其他因素相同的条件下，按资产规模排序 3/4 分位数企业的应收款与资产之比低于 1/4 分位数企业 3.4 个百分点（相当于样本中位数的 1/3）。

表 4.4　企业规模影响商业信用的回归分析结果 [用应付（收）账款 + 应付（收）票据 – 预付（收）款项衡量商业信用]

VARIABLES	（1）Net_Pay_Asset	（2）Net_Rec_Asset	（3）Net_Pay_Asset	（4）Net_Rec_Asset
LnAsset	0.0142***	−0.0060**	0.0125***	−0.0198***
	（9.0222）	（−2.2492）	（10.4670）	（−11.7734）
LnAge	0.0165***	0.0187*	0.0000	−0.0262***
	（2.7434）	（1.9545）	（0.0015）	（−5.8827）
Fixed_Asset	0.0167**	−0.1124***	0.0036	−0.1542***
	（2.3055）	（−9.5404）	（0.4721）	（−13.5429）
Sale_Asset	0.0566***	0.0426***	0.0687***	0.0399***
	（14.4239）	（7.8231）	（17.5719）	（8.1137）
Sale_Growth	−0.0022**	−0.0103***	−0.0030***	−0.0063***
	（−2.1874）	（−7.5380）	（−2.6444）	（−4.2840）
Profit_Sale	−0.0342***	−0.0070	−0.0585***	−0.0132**
	（−11.7047）	（−1.4191）	（−16.1359）	（−2.4813）
Cash_Asset	−0.0300***	−0.1664***	−0.0523***	−0.2166***
	（−4.6060）	（−16.5885）	（−6.3946）	（−16.6041）

续表

	（1）	（2）	（3）	（4）
VARIABLES	Net_Pay_Asset	Net_Rec_Asset	Net_Pay_Asset	Net_Rec_Asset
Debt_Asset	−0.0619***	0.0701***	−0.0623***	0.0814***
	（−8.4823）	（6.7235）	（−7.5396）	（7.1087）
企业固定效应	是	是	否	否
行业—年度固定效应	是	是	是	是
观测数	34,057	34,057	34,343	34,343
调整 R^2	0.667	0.693	0.354	0.369

注释：括号内为经过修正的 t 值（在企业层面集聚方差）***、**、* 分别表示在 1%、5% 和 10% 水平显著。

为了测试该结果对于另一种商业信用衡量方法的稳健性，本研究用"应收账款 + 应收票据 + 预付款项"与总资产之比来衡量商业信用输出，用"应付账款 + 应付票据 + 预收款项"与总资产之比来衡量商业信用输入，回归分析结果如表 4.5 所示。可见，除第（2）列中企业规模对应的系数不显著之外，其他结果基本与表 4.4 结果一致。

表 4.5 企业规模影响商业信用的回归分析结果 [用应付（收）账款 + 应付（收）票据 + 预收（付）款项衡量商业信用]

	（1）	（2）	（3）	（4）
VARIABLES	Pay_Asset	Rec_Asset	Pay_Asset	Rec_Asset
LnAsset	0.0244***	0.0029	0.0223***	−0.0108***
	（12.4796）	（1.3609）	（15.0322）	（−8.1532）
LnAge	0.0056	0.0082	0.0031	−0.0235***
	（0.7559）	（0.9577）	（0.8200）	（−6.4951）
Fixed_Asset	−0.0683***	−0.2004***	−0.1145***	−0.2760***
	（−8.2479）	（−19.5037）	（−12.9281）	（−28.8148）
Sale_Asset	0.0795***	0.0647***	0.0940***	0.0646***
	（20.2555）	（13.5002）	（23.3669）	（16.0406）

续表

VARIABLES	（1）	（2）	（3）	（4）
	Pay_Asset	Rec_Asset	Pay_Asset	Rec_Asset
Sale_Growth	0.0013	−0.0066***	0.0012	−0.0017
	（1.2842）	（−5.5168）	（1.0098）	（−1.3687）
Profit_Sale	−0.0407***	−0.0120**	−0.0779***	−0.0317***
	（−11.6658）	（−2.4646）	（−15.8139）	（−5.7893）
Cash_Asset	−0.0688***	−0.2136***	−0.0909***	−0.2612***
	（−8.6186）	（−23.2618）	（−8.4810）	（−24.7083）
Debt_Asset	−0.1138***	0.0261***	−0.1125***	0.0359***
	（−12.9591）	（2.6839）	（−11.2853）	（3.5853）
企业固定效应	是	是	否	否
行业一年度固定效应	是	是	是	是
观测数	34,057	34,057	34,343	34,343
调整 R^2	0.735	0.691	0.441	0.412

注释：括号内为经过修正的 t 值（在企业层面集聚方差）***、**、* 分别表示在 1%、5% 和 10% 水平显著。

其次，检验商业信用净输出（应收与应付之差）与企业规模的关系。为了测试"非线性"，本节加入了企业规模的平方项。回归分析结果如表 4.6 所示。由表 4.6 可以看出：（1）商业信用净输出与企业规模呈负相关关系，即企业规模越大，其净输出商业信用越少。（2）企业规模及其二次项所对应的系数均显著异于零，表现为"非线性"。但是如果我们仔细考察系数相对大小，则发现二次函数"拐点"所对应的企业规模大于样本最大值，即全体样本都位于该拐点的左侧，商业信用净输出与企业规模之间表现为"单调"的负相关，而非"U"型关系。这意味着，企业规模越大，其净输出商业信用越少。

表4.6　企业规模影响商业信用净输出的回归分析

VARIABLES	（1）Net_Asset	（2）Net_Asset	（3）Net_Asset	（4）Net_Asset
LnAsset	−0.0212***	−0.1368***	−0.0331***	−0.1143***
	（−7.8321）	（−3.6759）	（−19.9922）	（−3.8932）
LnAsset^2		0.0026***		0.0018***
		（3.1133）		（2.7640）
LnAge	0.0024	0.0034	−0.0269***	−0.0272***
	（0.2353）	（0.3333）	（−5.9367）	（−6.0024）
Fixed_Asset	−0.1290***	−0.1306***	−0.1577***	−0.1590***
	（−10.8527）	（−11.0079）	（−13.7004）	（−13.8195）
Sale_Asset	−0.0143***	−0.0134***	−0.0292***	−0.0286***
	（−2.8704）	（−2.6995）	（−6.4898）	（−6.3775）
Sale_Growth	−0.0078***	−0.0077***	−0.0029*	−0.0030**
	（−5.3718）	（−5.2900）	（−1.8979）	（−1.9934）
Profit_Sale	0.0300***	0.0314***	0.0478***	0.0500***
	（5.7424）	（6.1166）	（8.5372）	（9.0194）
Cash_Asset	−0.1415***	−0.1430***	−0.1696***	−0.1702***
	（−13.0214）	（−13.1494）	（−13.0237）	（−13.0814）
Debt_Asset	0.1389***	0.1405***	0.1472***	0.1492***
	（11.4885）	（11.6031）	（12.0898）	（12.2441）
企业固定效应	是	是	否	否
行业—年度固定效应	是	是	是	是
观测数	34,057	34,057	34,343	34,343
调整 R^2	0.648	0.648	0.355	0.355
"拐点"对应 LnAsset	−	25.9	−	31.2
"拐点"LnAsset 对应的分位数	−	100%	−	100%

注释：括号内为经过修正的 t 值（在企业层面集聚方差）***、**、* 分别表示在1%、5%和10%水平显著。

考虑到商业信用的"对称性"（一家企业的应收款对应另外一家企业的应付款[①]），我们可以审慎地说，整体而言，大企业通过商业信用占用了中小企业的资金。进一步考察系数大小，在控制行业一年度固定效应而不控制资产规模二次项的设定下，企业规模增大一倍，商业信用净输出与总资产之比（Net_Asset）减小 2.3 个百分点，这个数值非常接近其样本中位数（0.0243）；在其他因素相同的条件下，按资产规模排序，3/4 分位数企业的 Net_Asset 低于 1/4 分位数企业 5.6 个百分点（接近其样本中位数的 2.5 倍）。由此可见，企业规模对商业信用净输出的影响不仅在统计意义上显著，而且在经济意义上更重要。

4.3.2 主要结果 2：国有企业净输出商业信用更少

CSMAR 数据库按照公司"实际控制人性质"信息，对企业的产权性质进行了标记。跟本研究设计样本匹配后，约有 80% 的观测可以匹配到产权性质信息。在这些具有产权信息的观测中，有约 47.7% 的样本为"国有企业"，46.3% 的样本为"民营"，其他观测（6% 左右）为外资或者国有企业、民营、外资的某种组合。本节我们只关注 CSMAR 数据库中标注为"国有企业"或者"民营"的企业（没有标注实际控制人信息或者混合背景的样本暂不考虑）。因为对于一家企业，其产权性质在时间序列上往往缺乏变化，故在回归中我们不控制"企业固定效应"，而只控制"行业一年度固定效应"。控制变量与 4.3.1 节一致。回归结果如表 4.7 所示。

[①] 当然，企业还可能持有来自公共部门客户或者个人消费者的各种应收应付账款。

表 4.7 企业所有制性质影响商业信用的回归分析

VARIABLES	（1）Net_Pay_Asset	（2）Net_Rec_Asset	（3）Pay_Asset	（4）Rec_Asset	（5）Net_Asset
LnAsset	0.0105***	−0.0204***	0.0218***	−0.0099***	−0.0318***
	（7.6678）	（−10.5489）	（12.4753）	（−6.6744）	（−16.2916）
LnAge	−0.0047	−0.0335***	0.0022	−0.0272***	−0.0298***
	（−1.2248）	（−5.8569）	（0.4771）	（−6.1660）	（−5.2133）
Fixed_Asset	0.0055	−0.1402***	−0.1133***	−0.2621***	−0.1456***
	（0.6263）	（−10.8870）	（−10.4827）	（−24.6906）	（−10.7967）
Sale_Asset	0.0692***	0.0470***	0.0935***	0.0711***	−0.0223***
	（15.9504）	（8.5318）	（20.1318）	（15.8560）	（−4.4834）
Sale_Growth	−0.0027**	−0.0056***	0.0014	−0.0009	−0.0025
	（−2.0703）	（−3.2442）	（0.9241）	（−0.6243）	（−1.3648）
Profit_Sale	−0.0612***	−0.0117*	−0.0874***	−0.0383***	0.0508***
	（−12.8625）	（−1.8048）	（−13.2239）	（−6.0745）	（7.1248）
Cash_Asset	−0.0494***	−0.2011***	−0.0856***	−0.2427***	−0.1577***
	（−5.3022）	（−14.0461）	（−6.8189）	（−21.2772）	（−10.7019）
Debt_Asset	−0.0633***	0.0854***	−0.1276***	0.0259**	0.1528***
	（−6.5829）	（6.3751）	（−10.5966）	（2.3135）	（10.7900）
SOE	0.0137***	−0.0055	0.0153***	−0.0038	−0.0203***
	（4.4368）	（−1.2060）	（3.9598）	（−1.0412）	（−4.3937）
行业—年度固定效应	是	是	是	是	是
观测数	25,351	25,351	25,351	25,351	25,351
调整 R^2	0.352	0.359	0.427	0.410	0.297

注释：括号内为经过修正的 t 值（在企业层面集聚方差）***、**、* 分别表示在 1%、5% 和 10% 水平显著。

可见，相对于民营企业，国有企业持有更多的应付款（商业信用输入更多），但应收款（商业信用输出）的差异不显著，所以整体来看，国有企业商业信用净的输出更少。这意味着，国有企业拖欠其他企业款项更多。考察系数的大小，可知相对于民营企业，国有企业的商业信用净输出与资产之比要低 2 个百分点，这个数值相当于其样本中位数（0.0104）的 2 倍。

4.3.3 进一步检验和延伸分析

4.3.3.1 融资成本和商业信用净输出

Peterson 和 Rajan（1997）　以　及 Banerjee、Dasgupta 和 Kim（2004）都是从融资成本的角度来解释他们发现的"大企业输出商业信用更多"的现象。本小节也从这一角度出发，研究融资成本与商业信用之间的关系。

参考蒋琰（2009）等人的研究文献，本节用企业有息债务利率水平（Rate）来衡量企业融资成本。企业有息债务利率定义为"利息支出 /（短期借款 + 长期借款 + 应付债券 + 一年内到期的非流动负债）"。[①]

回归样本的描述性统计如表 4.8 所示，回归结果如表 4.9 所示。

表 4.8　融资成本影响商业信用回归分析的变量描述性统计

变量	观测数	平均值	标准差	最小值	中位数	最大值
Net_Pay_Asset	22933	0.0943	0.0995	−0.1340	0.0734	0.4072
Net_Rec_Asset	22933	0.1007	0.1372	−0.2844	0.0891	0.5044
Pay_Asset	22933	0.1666	0.1208	0.0030	0.1364	0.5537
Rec_Asset	22933	0.1727	0.1217	0.0025	0.1526	0.5635
Net_Asset	22933	0.0062	0.1389	−0.4023	0.0108	0.4193
LnAsset	22933	22.003	1.2575	18.905	21.851	25.528
Rate	22933	0.0621	0.0426	0.0036	0.0562	0.3298
LnAge	22933	2.6894	0.3959	0.7340	2.7462	3.3816

———————

① 其中，分子为流量指标，取本期值，而分母为存量指标，取上期末和本期末平均值。

续表

变量	观测数	平均值	标准差	最小值	中位数	最大值
Fixed_Asset	22933	0.2552	0.1794	0.0014	0.2215	0.7459
Sale_Asset	22933	0.6884	0.4915	0.0429	0.5680	2.7313
Sale_Growth	22933	0.2265	0.5411	−0.6781	0.1323	4.0284
Profit_Sale	22933	0.0649	0.1897	−1.3629	0.0595	0.7956
Cash_Asset	22933	0.1605	0.1118	0.0062	0.1330	0.6812
Debt_Asset	22933	0.2035	0.1461	0.0000	0.1907	0.6348

表 4.9　融资成本影响商业信用的回归分析结果

VARIABLES	（1） Net_Pay_ Asset	（2） Net_Rec_ Asset	（3） Pay_Asset	（4） Rec_Asset	（5） Net_Asset
LnAsset	0.0114***	−0.0086***	0.0186***	−0.0022	−0.0202***
	（5.6226）	（−2.8790）	（7.7012）	（−0.8483）	（−6.2084）
LnAge	0.0068	0.0309**	−0.0011	0.0222*	0.0215
	（0.6755）	（2.3017）	（−0.0927）	（1.8799）	（1.3411）
Fixed_Asset	0.0244***	−0.0910***	−0.0624***	−0.1813***	−0.1166***
	（2.6112）	（−7.1094）	（−5.9502）	（−16.5948）	（−8.4271）
Sale_Asset	0.0500***	0.0372***	0.0765***	0.0640***	−0.0118**
	（10.5075）	（6.7367）	（16.3683）	（12.6995）	（−2.0016）
Sale_Growth	−0.0003	−0.0083***	0.0029**	−0.0054***	−0.0085***
	（−0.2510）	（−5.3359）	（2.1398）	（−4.0195）	（−4.8420）
Profit_Sale	−0.0391***	−0.0121*	−0.0464***	−0.0178***	0.0300***
	（−9.2273）	（−1.8612）	（−9.4042）	（−3.0761）	（4.1572）
Cash_Asset	−0.0276***	−0.1377***	−0.0772***	−0.1958***	−0.1178***
	（−3.3753）	（−12.7299）	（−8.3467）	（−19.5229）	（−9.1510）
Debt_Asset	−0.0751***	0.0734***	−0.1310***	0.0244**	0.1543***
	（−8.7998）	（6.6074）	（−12.4509）	（2.2784）	（11.7219）

续表

VARIABLES	（1）Net_Pay_Asset	（2）Net_Rec_Asset	（3）Pay_Asset	（4）Rec_Asset	（5）Net_Asset
Rate	0.0520***	0.1032***	−0.0000	0.0529***	0.0487*
	（3.2295）	（4.8128）	（−0.0020）	（2.6409）	（1.9441）
企业固定效应	是	是	是	是	是
行业—年度固定效应	是	是	是	是	是
观测数	22,933	22,933	22,933	22,933	22,933
调整 R^2	0.712	0.756	0.768	0.752	0.677

注释：括号内为经过修正的 t 值（在企业层面集聚方差）***、**、* 分别表示在 1%、5% 和 10% 水平显著。

可见，融资成本越高的企业，净输出商业信用反而越多。从系数大小来看，融资成本增加 4 个百分点（相当于其标准差），Net_Asset 增加 0.2 个百分点，约相当于 Net_Asset 回归样本中位数（0.0108）的 20%。考虑到融资成本可以作为市场势力的衡量标准，一般来说市场势力强的企业融资成本低，但这些企业却持有的应付款更多，而净输出商业信用却更少，即通过商业信用占用其他企业的资金。

这一方面进一步强化了之前的结论，另一方面更不得不令人深思：如果融资成本高的企业需要输出商业信用给融资成本低的企业，必然意味着在供应链上存在资金使用上的无效率状态，这种状态为什么能持续存在呢？第 5 章将探究这个问题。

4.3.3.2 应收账款的"坏账拨备"问题

之前回归中所使用的"应收账款"，实际上对应上市公司资产负债表中汇报的"应收账款净额"，即应收账款减去坏账准备之后的部分。2007 年开始实施的新《企业会计准测》中将"应收账款"纳入"金融资产"进行处理，要求进行减值测试，并采用备抵法进行坏账核算。任永平、韩昳获和任赛德（2018）发现我国上市公司的坏账计提比例变更情况频繁且复杂，该比例往往高于实际坏账核销率，具体核销信息的披露质量有待提高。

对本章之前所发现结论的一种可能质疑是，大公司向小公司"赊销"时，计提了较多的坏账拨备，从而导致"应收账款净额"较低，净输出商业信用表面上变低了。为了验证这个结论，本节从瑞思数据库（RESSET）获取了上市公司财务报表附注中的"坏账准备"数据，以检验坏账准备以及未考虑坏账准备的"应收账款"（原值）与企业规模的关系。构造如下变量作为被解释变量：BadDebt，定义为应收账款坏账准备与应收账款原值之比；Rec_Total_Asset，定义为应收账款原值与资产之比；Rec_Total_Sale，定义为应收账款原值与营业收入之比。因为2007年开始实施新会计准则之后，应收账款的坏账准备才走向规范化、标准化，所以选取2007年至2017年数据作为回归样本。描述性统计如表4.10所示，回归结果如表4.11所示。可见，企业规模与坏账拨备呈负相关关系，即企业规模越大，应收账款中坏账拨备所占的比例越低。未扣减坏账拨备的应收账款原值与企业规模同样呈负相关关系，无论以何种指标衡量，企业越大，其输出商业信用越少（在比例意义上）。产权性质方面，国有企业相对民营企业坏账拨备更多，但是未扣减坏账拨备的应收账款原值仍然更少（当用营业收入标准化时系数显著为负，当用资产标准化时系数为负，但不显著），这意味着国有企业虽然计提了更多的坏账拨备，但输出的商业信用仍然不理想。在融资成本上，融资成本高的企业，坏账拨备也高，同时对外输出商业信用也越多。总之，回归结果显示，坏账准备并不能影响本章结论。

表 4.10　市场势力影响坏账拨备回归分析的变量描述性统计

变量	观测数	平均值	标准差	最小值	中位数	最大值
BadDebt	21371	0.1196	0.1472	0.0014	0.0724	0.8445
Rec_Total_Asset	21818	0.1197	0.1098	0.0003	0.0919	0.5061
LnAsset	21818	22.003	1.2736	18.905	21.847	25.528
LnAge	21818	2.7495	0.3701	0.7340	2.8034	3.3816
Fixed_Asset	21818	0.2343	0.1732	0.0014	0.1988	0.7459
Sale_Asset	21818	0.6824	0.4856	0.0429	0.5644	2.7313
Sale_Growth	21818	0.2256	0.5729	−0.6781	0.1237	4.0284
Profit_Sale	21818	0.0773	0.1923	−1.3629	0.0680	0.7956
Cash_Asset	21818	0.1827	0.1330	0.0062	0.1460	0.6812
Debt_Asset	21818	0.1735	0.1497	0.0000	0.1520	0.6348
SOE	17307	0.4883	0.4999	0.0000	0.0000	1.0000
Rate	17307	0.0631	0.0443	0.0036	0.0565	0.3298

表 4.11　市场势力影响坏账拨备的回归分析结果

VARIABLES	（1）BadDebt	（2）Rec_Total_Asset	（3）Rec_Total_Sale	（4）BadDebt	（5）Rec_Total_Asset	（6）Rec_Total_Sale
LnAsset	−0.0495***	−0.0155***	−0.0110*	−0.0270***	−0.0162***	−0.0291***
	（−10.3479）	（−6.6034）	（−1.8520）	（−9.7387）	（−10.0877）	（−9.5505）
LnAge	0.0979***	0.0083	0.0371*	0.0384***	−0.0304***	−0.0665***
	（6.3113）	（0.8920）	（1.6577）	（5.4460）	（−6.2801）	（−6.5197）
Fixed_Asset	0.0024	−0.0782***	−0.2055***	−0.0090	−0.1947***	−0.4138***
	（0.1200）	（−8.3995）	（−7.7530）	（−0.5003）	（−17.5659）	（−17.0069）
Sale_Asset	−0.0228***	0.0456***	−0.1427***	−0.0266***	0.0473***	−0.1408***
	（−3.1870）	（9.2959）	（−15.8505）	（−4.3750）	（10.4473）	（−19.0227）
Sale_Growth	−0.0046*	−0.0031***	−0.0063**	−0.0083***	−0.0027*	0.0048
	（−1.8805）	（−2.9019）	（−2.2784）	（−3.1888）	（−1.6970）	（1.4142）

续表

VARIABLES	（1） BadDebt	（2） Rec_Total_ Asset	（3） Rec_Total_ Sale	（4） BadDebt	（5） Rec_Total_ Asset	（6） Rec_Total_ Sale
Profit_Sale	−0.0561***	−0.0107***	−0.1381***	−0.0919***	−0.0387***	−0.2046***
	（−4.6175）	（−2.6488）	（−7.8857）	（−5.2483）	（−4.8765）	（−9.2152）
Cash_Asset	−0.0229	−0.1146***	−0.1631***	−0.0458**	−0.1736***	−0.2522***
	（−1.4713）	（−16.5982）	（−8.8264）	（−2.3290）	（−14.7592）	（−9.4429）
Debt_Asset	0.0034	0.0058	−0.0191	−0.0146	0.0201*	0.0165
	（0.1978）	（0.6136）	（−0.8506）	（−0.8545）	（1.6921）	（0.6747）
Rec_Total_ Asset	−0.1347***			−0.0895***		
	（−3.0922）			（−3.0512）		
SOE				0.0371***	−0.0009	−0.0254***
				（6.3469）	（−0.2424）	（−3.3412）
Rate				0.1541***	0.0736***	0.1278**
				（2.9289）	（2.5897）	（2.0119）
企业固定效应	是	是	是	否	否	否
行业—年度固定效应	是	是	是	是	是	是
观测数	21,368	21,818	21,818	16,989	17,307	17,307
调整 R^2	0.638	0.837	0.802	0.156	0.420	0.441

注释：括号内为经过修正的 t 值（在企业层面集聚方差）***、**、* 分别表示在 1%、5% 和 10% 水平显著。

4.3.3.3 应收款和应付款的"账龄"问题

以上分析是基于应收款和应付款的"总量"，而没有考虑"账龄"结构。而且有一种可能的质疑是虽然大企业净输出商业信用的总量少，但是账龄却更长，即大企业的应收款的账龄长于应付款的账龄。为了验证这个结论，本节从锐思数据库（RESSET）获取了上市公司财务报表附注中应收账款和应付账款的账龄数据（2004 年至 2017 年），研究账龄和企业规模之间的关系。

本节构造应收账款和应付账款的"久期"（Duration，其中应收账款为 Dur_Rec，应付账款为 Dur_Pay）数据，具体定义是：

$$Duration = \frac{0.5 \times Sum_{0\sim1} + 1.5 \times Sum_{1\sim2} + 2.5 \times Sum_{2\sim3} + 3.5 \times Sum_{3\sim4} + 4.5 \times Sum_{4\sim5} + 5 \times Sum_{5\sim}}{Sum_{0\sim1} + Sum_{1\sim2} + Sum_{2\sim3} + Sum_{3\sim4} + Sum_{4\sim5} + Sum_{5\sim}}$$

其中 Sum_i 表示 i（年）时段内的款项数目。显然，"久期"数值越大，意味着应收应付款的账龄越长。本节也用应收账款与应付账款的"久期"做差，来衡量商业信用净输入的"久期"（Dur_Rec_Pay）。需要说明的是，与本章此前讨论相关，在本节中讨论"应收账款"时使用未扣减坏账拨备的"应付账款原值"，来比较应付账款和应付账款的账龄结构。描述性统计如表 4.12 所示，回归结果如表 4.13 所示。可见，虽然随着企业规模的扩大，应付账款和应收账款的账期都有缩小的趋势，但是应收账款账期的缩短更加明显，导致从整体来看，企业规模越大，应收账款和应付账款的"账期差"缩小。这意味着，相对中小企业来说，大企业应收账款和应付账款的账龄虽然都较短，但是应付账款的账龄显著长于应收账款的账龄。

表 4.12 企业规模影响应收应付款账龄回归分析的变量描述性统计

变量	观测数	平均值	标准差	最小值	中位数	最大值
Dur_Rec	24727	0.9123	0.7063	0.5000	0.6694	5.0000
Due_Pay	11488	0.6294	0.2272	0.5000	0.5581	4.9987
Dure_Rec_Pay	11137	0.2988	0.6969	−4.4953	0.0947	4.5000
LnAsset	24727	21.902	1.2561	18.905	21.746	25.528
LnAge	24727	2.7001	0.3856	0.7340	2.7515	3.3816
Fixed_Asset	24727	0.2439	0.1750	0.0014	0.2094	0.7459
Sale_Asset	24727	0.6882	0.4896	0.0429	0.5683	2.7313
Sale_Growth	24727	0.2271	0.5593	−0.6781	0.1301	4.0284
Profit_Sale	24727	0.0731	0.1925	−1.3629	0.0656	0.7956
Cash_Asset	24727	0.1787	0.1309	0.0062	0.1428	0.6812
Debt_Asset	24727	0.1794	0.1507	0.0000	0.1605	0.6348

表 4.13　企业规模影响应收应付账款账龄的回归分析结果

	（1）	（2）	（3）	（4）	（5）	（6）
	Dur_Rec	Dur_Pay	Dur_Rec_Pay	Dur_Rec	Dur_Pay	Dur_Rec_Pay
LnAsset	−0.0590***	−0.0086	−0.0318**	−0.1188***	−0.0279***	−0.0693**
	（−5.4782）	（−1.3654）	（−2.2279）	（−6.4036）	（−3.2713）	（−2.2153）
LnAge	0.1640***	0.0356***	0.1866***	0.2239***	0.0846**	0.2157**
	（5.6656）	（3.4030）	（5.8455）	（3.5016）	（2.2355）	（2.2922）
Fixed_Asset	−0.1833***	−0.0676**	−0.1895**	0.0854	0.0733**	0.1548
	（−2.6711）	（−2.1963）	（−2.1466）	（1.0873）	（2.2930）	（1.5296）
Sale_Asset	−0.1798***	−0.1051***	−0.0747**	−0.1359***	−0.0759***	−0.0303
	（−7.4238）	（−9.9229）	（−2.1593）	（−4.0688）	（−5.6226）	（−0.5210）
Sale_Growth	−0.0025	0.0025	−0.0268	−0.0078	−0.0041	−0.0229
	（−0.2282）	（0.3780）	（−1.6180）	（−0.7192）	（−0.6730）	（−1.3147）
Profit_Sale	−0.4766***	−0.1326**	−0.2641***	−0.2353***	−0.1119**	−0.1075
	（−7.1826）	（−2.2504）	（−2.8257）	（−4.4581）	（−2.0079）	（−1.6387）
Cash_Asset	−0.1370*	−0.0347	−0.0682	−0.0955	0.0664	−0.1198
	（−1.7626）	（−0.6843）	（−0.6919）	（−1.3919）	（1.2144）	（−1.4059）
Debt_Asset	−0.0416	−0.0132	−0.0369	0.0238	0.0663**	−0.1340
	（−0.5353）	（−0.4592）	（−0.3565）	（0.3167）	（2.0749）	（−1.1824）
行业—年度固定效应	是	是	是	是	是	是
企业固定效应	否	否	否	是	是	是
观测数	24,727	11,488	11,137	24,439	11,211	10,858
调整 R^2	0.121	0.122	0.104	0.440	0.504	0.467

注释：括号内为经过修正的 t 值（在企业层面集聚方差）***、**、* 分别表示在 1%、5% 和 10% 水平显著。

4.3.3.4 用其他指标来标准化应收（应付）款

因为应收账款、应收票据和预付款项都属于流动性资产，而应付账款、应付票据和预收款项都属于流动性负债，用资产来标准化，可能会引发长短期资产结构和长短期负债结构的变化，所以本节测试一下用流动性资产（负债）来标准化应收（应付）款是否会影响我们的结论。另外，应收应付款本质上都与企业的采购和销售有关，其数额可能受通货膨胀等因素的影响，而资产多是原值计价，体现不出价格变化。本节也测试一下用营业收入（成本）来标准化应收（应付）款，是否可以消除物价变动带来的影响。

具体地，本节构造如下变量，作为因变量：Pay_Short_Liab，为应付账款、应付票据与预收款项之和，以及流动性负债之比；Rec_Short_Asset，为应收账款、应收票据与预付款项之和，以及流动性资产之比；Net_Short_Asset，为商业信用净输出与流动性资产之比；Pay_Cost，为应付账款、应付票据与预收款项之和，以及营业成本之比；Rec_Sale，为应付账款、应付票据与预收款项之和，以及营业收入之比；Net_Sale，为商业信用净输出与营业收入之比。其描述性统计如表 4.14 所示。

表 4.14　用商业信用其他指标做稳健性检验的变量描述性统计

变量	观测数	平均值	标准差	最小值	中位数	最大值
Pay_Short_Liab	37902	0.4214	0.2387	0.0172	0.3920	0.9424
Rec_Short_Asset	37903	0.3266	0.1860	0.0051	0.3162	0.8084
Net_Short_Asset	37903	0.0404	0.2734	−0.8946	0.0584	0.6639
Pay_Cost	37718	0.4510	0.4846	0.0201	0.3090	3.1161
Rec_Sale	37903	0.3974	0.4067	0.0084	0.2855	2.6066
Net_Sale	37903	0.0917	0.4270	−1.4113	0.0521	1.9462

本节仍使用模型（41）回归，控制变量与本章 4.3.1 节一致。回归结果如表 4.15、表 4.16 和表 4.17 所示。

表 4.15　企业规模影响商业信用的回归分析结果：
用流动性资产（负债）标准化

VARIABLES	（1）Pay_Short_Liab	（2）Rec_Short_Asset	（3）Net_Short_Asset	（4）Net_Short_Asset
LnAsset	0.0387***	0.0039	−0.0329***	−0.2158***
	（11.3279）	（1.1895）	（−6.6352）	（−3.1852）
LnAsset^2				0.0042***
				（2.7156）
LnAge	−0.0081	0.0213*	0.0192	0.0208
	（−0.6331）	（1.6655）	（1.0203）	（1.1048）
Fixed_Asset	−0.0679***	−0.0517***	−0.2741***	−0.2767***
	（−4.2591）	（−3.1895）	（−10.0358）	（−10.1295）
Sale_Asset	0.0924***	0.0610***	−0.0213**	−0.0199**
	（15.4562）	（9.6334）	（−2.3112）	（−2.1684）
Sale_Growth	−0.0019	−0.0058***	−0.0122***	−0.0120***
	（−1.0640）	（−3.4456）	（−4.6278）	（−4.5665）
Profit_Sale	−0.0388***	−0.0101	0.0564***	0.0587***
	（−5.2050）	（−1.4171）	（5.3247）	（5.6154）
Cash_Asset	0.0408**	−0.5697***	−0.2726***	−0.2749***
	（2.5339）	（−39.9837）	（−14.3606）	（−14.4407）
Debt_Asset	−0.5961***	0.0654***	0.2082***	0.2107***
	（−34.6222）	（4.4150）	（8.9060）	（9.0031）
企业固定效应	是	是	是	是
行业—年度固定效应	是	是	是	是
观测数	34,056	34,057	34,057	34,057
调整 R^2	0.714	0.663	0.629	0.630

注释：括号内为经过修正的 t 值（在企业层面集聚方差）***、**、* 分别表示在 1%、5%
和 10% 水平显著。

表 4.16 企业规模影响商业信用的回归分析结果：用营业收入（成本）标准化

VARIABLES	（1）	（2）	（3）	（4）
	Pay_Cost	Rec_Sale	Net_Sale	Net_Sale
LnAsset	0.0969***	0.0403***	−0.0253***	−0.1134
	（9.8268）	（5.4038）	（−2.7488）	（−0.9546）
LnAsset^2				0.0020
				（0.7475）
LnAge	−0.0197	0.0851***	0.0916***	0.0923***
	（−0.5980）	（2.9378）	（2.7393）	（2.7582）
Fixed_Asset	−0.3907***	−0.6694***	−0.3827***	−0.3840***
	（−9.2367）	（−16.1003）	（−8.6204）	（−8.6420）
Sale_Asset	−0.3370***	−0.2935***	−0.0778***	−0.0771***
	（−21.2849）	（−21.5308）	（−5.7969）	（−5.7601）
Sale_Growth	0.0042	−0.0397***	−0.0433***	−0.0432***
	（0.6635）	（−8.0935）	（−8.7889）	（−8.7784）
Profit_Sale	−0.2215***	−0.2494***	0.0062	0.0073
	（−7.9484）	（−10.4695）	（0.2319）	（0.2748）
Cash_Asset	−0.2664***	−0.4569***	−0.2699***	−0.2710***
	（−6.4520）	（−13.7771）	（−7.0209）	（−7.0254）
Debt_Asset	−0.3601***	−0.0095	0.2409***	0.2422***
	（−9.2838）	（−0.2587）	（5.9310）	（5.9699）
企业固定效应	是	是	是	是
行业—年度固定效应	是	是	是	是
观测数	33,944	34,057	34,057	34,057
调整 R2	0.574	0.580	0.535	0.535

注释：括号内为经过修正的 t 值（在企业层面集聚方差）***、**、* 分别表示在 1%、5% 和 10% 水平显著。

**表 4.17 所有制性质和融资成本影响商业信用的回归分析结果：
其他指标来标准化应收（应付）款**

VARIABLES	（1）Net_Short_Asset	（2）Net_Sale	（3）Net_Short_Asset	（4）Net_Sale
LnAsset	−0.0530***	−0.0634***	−0.0542***	−0.0634***
	（−13.0920）	（−12.8394）	（−12.6539）	（−12.0717）
LnAge	−0.0594***	−0.0623***	−0.0616***	−0.0639***
	（−5.7166）	（−4.4241）	（−5.7137）	（−4.4259）
Fixed_Asset	−0.3995***	−0.2783***	−0.4267***	−0.3188***
	（−11.8760）	（−6.9152）	（−12.1629）	（−7.6821）
Sale_Asset	−0.0348***	−0.0448***	−0.0338***	−0.0508***
	（−3.7458）	（−4.0564）	（−3.5704）	（−4.3962）
Sale_Growth	−0.0022	−0.0172***	−0.0041	−0.0190***
	（−0.6168）	（−3.1461）	（−1.0272）	（−3.0838）
Profit_Sale	0.0961***	0.0220	0.0979***	−0.0173
	（6.0213）	（0.6065）	（5.3368）	（−0.4088）
Cash_Asset	−0.2870***	−0.1978***	−0.3140***	−0.2164***
	（−11.1242）	（−4.7348）	（−10.6983）	（−4.6948）
Debt_Asset	0.2466***	0.2444***	0.2426***	0.2441***
	（8.4043）	（6.3593）	（7.9758）	（6.1324）
SOE	−0.0409***	−0.0571***	−0.0429***	−0.0586***
	（−4.8884）	（−4.9103）	（−4.9934）	（−5.0492）
Rate			0.0582	0.2141**
			（0.9114）	（2.5059）
行业—年度固定效应	是	是	是	是
观测数	25,351	25,351	21,668	21,668
调整 R^2	0.277	0.262	0.284	0.284

注释：括号内为经过修正的 t 值（在企业层面集聚方差）***、**、* 分别表示在 1%、5% 和 10% 水平显著。

表 4.15 和表 4.16 显示，商业信用净输出与企业规模仍呈显著的负相关，即，规模越大的企业，其通过商业信用对外输出的资金越少。值得说明的是，从表 4.16 可见，虽然随着企业规模的增大应收款和应付款

的规模都有所增加，但是应付款的增长幅度超过应收款的增长幅度，反映为商业信用净输出（应收－应付）仍与企业规模负相关。表 4.17 显示，SOE 对应的系数显著为负，这意味着在控制了企业规模和其他因素的情况下，国有企业净输出商业信用仍然不理想；而 Rate 对应的系数为正（其中，当被解释变量为 Net_Short_Asset 时系数不显著，但当被解释变量为 Net_Sale 时系数显著），这说明在控制了产权性质、企业规模和其他因素的情况下，融资成本低的企业净输出的商业信用明显比成本高的企业净输出的商业信用更少。之前的结论保持稳健。

4.3.3.5 用工业企业数据库做稳健性检验

上市企业毕竟只是中国有企业业中比较特殊的一个小群体（2017 年非金融上市企业不到 3400 家）。本节使用 2004—2009 年工业企业微观数据对以上结论进行稳健性检验。此处工业企业是指全部国有及规模以上（企业每年主营业务收入（销售额）在 500 万元以上）非国有工业企业。之所以不能包含 2004 年之前的样本，是因为笔者所掌握的工业企业数据库中，只有 2004 年至 2009 年数据包含了"应收账款"和"应付账款"相关数据。

因为时间序列很短（6 年），本节不构建匹配企业的面板数据，只把这六年的数据作为混合截面数据，构造相关变量，并控制行业—年度—省份固定效应，并在行业—年度—省份层面上进行方差集聚，使用 Stata MP 15.0 reghdfe 命令进行回归分析。

参考聂辉华、江艇和杨汝岱（2012）等人的研究文献，本节对样本进行如下处理：（1）删除应收账款、应付账款、主营业务收入、职工人数、总资产、固定资产净值、总负债、长期负债、成立日期、营业利润、利润总额、行业、省份等关键信息缺失的观测值；（2）删除职工人数少于 8 人的观测；（3）删除总资产小于流动资产、总资产小于固定资产净值、总资产小于负债、总负债小于长期负债的观测值；（4）删除实收资本小于或等于 0 的观测；（5）删除应付账款小于零或者应收账款小于零的观测；（6）同一年度、同一法人单位存在超过一个观测的，该法人单位该年度所有观测均删除。

在剩下的样本中，按照每一年度对回归中使用的连续变量进行1%和99%分位数的"缩尾"处理，以排除极端值的影响。

以应收（应付）账款来衡量商业信用输出（输入），用总资产或者主营业务收入（成本）来标准化。具体地，被解释变量为：Acc_Net_Asset，应收账款与应付账款之差，及资产之比；Acc_Net_Sale，应收账款与应付账款之差，及主营业务收入之比。解释变量包括：企业规模（用以下三个指标表示：LnEmp，平均从业人数取对数；LnAsset，资产规模取对数；LnSale，主营业务收入取对数）；企业年龄（LnAge，从成立以来的年数，取对数）；资产负债率（Leverage，负债与资产之比）；负债结构（Long_Liab，长期负债占负债比例）；资产周转率（Sale_Asset，主营业务收入与资产之比）；固定资产占比（Fixed_Asset，固定资产与资产之比）；毛利率（Profit_Sale，营业利润与主营业务收入之比）。本节控制行业—省份—年份固定效应（其中，行业取前两位代码）。

主要变量的描述性统计详见表4.18所示，回归结果如表4.19和表4.20所示。可见，与上市公司的结论一致，企业规模越大，其净输出商业信用越少。与之前文献相似，回归发现，企业规模及其平方项所对应的系数均显著，表现出某种"非线性"。本节进一步对系数的相对大小进行考察，计算二次函数"拐点"所对应的企业规模，发现几乎全体样本都位于"拐点"的某一侧。所以从整体来看，企业规模与净输出商业信用是"单调"地负相关，而不是"U型"或者"倒U型"的关系。另外，当商业信用用资产标准化时，国有企业对应的系数显著为负，这意味着在控制企业规模和其他因素的情况下，国有控股企业净输出商业信用更少（如果用主营业务收入来标准化商业信用，国有企业所对应的系数为负，但并不显著）。

表 4.18 用工业企业数据库稳健性检验的变量描述性统计

变量	观测数	平均值	标准差	最小值	中位数	最大值
Acc_Net_Asset	1854048	0.0359	0.2050	−0.6031	0.0208	0.6330
Acc_Net_Sale	1854048	0.0274	0.2539	−1.7206	0.0131	0.8615
LnEmp	1854048	4.6073	1.0633	2.4849	4.4998	7.8055
LnAsset	1854048	16.7172	1.3874	13.8155	16.5290	21.0558
LnSale	1854048	16.8904	1.3736	12.9141	16.7564	21.0440
Leverage	1854048	0.5328	0.2597	0.0061	0.5531	0.9817
Long_Liab	1854048	0.0775	0.1843	0.0000	0.0000	0.9167
LnAge	1854048	1.7045	0.9616	−1.7918	1.7918	3.9003
Fixed_Asset	1854048	0.3597	0.2305	0.0000	0.3278	0.9449
Sale_Asset	1854048	1.9683	2.4254	0.0440	1.1157	17.6587
Profit_Sale	1854048	0.1193	0.4584	−0.4567	0.0359	6.1721
SOE	1854048	0.0642	0.2450	0.0000	0.0000	1.0000

表 4.19 企业规模影响商业信用净输出的回归分析结果
（工业企业样本，总资产标准化）

因变量	（1）	（2）	（3）
Acc_Net_Asset	X: LnEmp	X: LnAsset	X:LnSale
X	−0.0308***	−0.0488***	0.0274***
	（−14.6482）	（−12.6432）	（7.7381）
X^2	0.0016***	0.0010***	−0.0011***
	（8.0607）	（9.5416）	（−11.0173）
Leverage	−0.1804***	−0.1825***	−0.1825***
	（−85.1602）	（−85.9222）	（−86.5615）
Long_Liab	0.0775***	0.0810***	0.0783***
	（53.8102）	（54.5291）	（53.8748）
LnAge	0.0125***	0.0119***	0.0113***
	（35.1167）	（34.4516）	（33.2218）

续表

因变量	（1）	（2）	（3）
Acc_Net_Asset	X: LnEmp	X: LnAsset	X:LnSale
Fixed_Asset	−0.1888***	−0.1927***	−0.1967***
	（−71.9033）	（−70.6350）	（−69.4314）
Sale_Asset	0.0002**	−0.0020***	0.0019***
	（1.9778）	（−14.2211）	（14.6210）
Profit_Sale	−0.0003	−0.0018**	−0.0021***
	（−0.4691）	（−2.4055）	（−2.7498）
SOE	−0.0039***	−0.0039***	−0.0041***
	（−4.2149）	（−4.4893）	（−4.5910）
年度—省份—行业固定效应	是	是	是
观测数	1,854,048	1,854,048	1,854,048
调整 R^2	0.127	0.128	0.126
"拐点"对应的 X 分位数	100%	100%	0%

注释：括号内为经过修正的 t 值（在企业层面集聚方差）***、**、* 分别表示在 1%、5% 和 10% 水平显著。

表 4.20　企业规模影响商业信用净输出的回归分析结果
（工业企业样本，营收标准化）

因变量	（1）	（2）	（3）
Acc_Net_Sale	X: LnEmp	X: LnAsset	X:LnSale
X	−0.0170***	0.0083*	0.0511***
	（−6.6426）	（1.6784）	（7.4009）
X^2	0.0003	−0.0005***	−0.0017***
	（1.4584）	（−3.8800）	（−8.7571）
Leverage	−0.2059***	−0.2077***	−0.2078***
	（−58.1936）	（−58.4806）	（−58.5194）

续表

因变量	（1）	（2）	（3）
Acc_Net_Sale	X: LnEmp	X: LnAsset	X:LnSale
Long_Liab	0.0860***	0.0890***	0.0858***
	（40.6788）	（40.8020）	（40.8015）
LnAge	0.0153***	0.0144***	0.0138***
	（33.5166）	（33.0092）	（31.5942）
Fixed_Asset	−0.2058***	−0.2093***	−0.2112***
	（−49.4002）	（−49.1908）	（−48.5471）
Sale_Asset	−0.0039***	−0.0053***	−0.0027***
	（−20.8422）	（−26.5624）	（−15.4586）
Profit_Sale	−0.0101***	−0.0111***	−0.0101***
	（−5.3735）	（−5.8147）	（−5.3777）
SOE	−0.0013	−0.0002	−0.0023
	（−0.9070）	（−0.1127）	（−1.6168）
年度—省份—行业固定效应	是	是	是
观测数	1,854,048	1,854,048	1,854,048
调整 R^2	0.100	0.099	0.099
"拐点"对应的 X 分位数	100%	0%	6%

注释：括号内为经过修正的 t 值（在企业层面集聚方差）***、**、* 分别表示在 1%、5% 和 10% 水平显著。

4.3.3.6 用其他回归方法做稳健性检验

虽然之前研究商业信用的文献中普遍使用 OLS 模型做回归（陆正飞和杨德明，2011），但是仔细考察因变量，其往往是用总资产来标准化应收款或者应付款，该种指标本质上是"比例"指标，有其天然的上下界（取值为 0 至 1 之间），使用 OLS 回归可能导致模型的"预测值"突破其天然的上下界，在解释回归结果时就会陷入矛盾。

解决这一问题的方法之一是采用"比例响应模型"（Fractional

Response Model）来回归。本节使用"比例响应模型"来做稳健性检验。

具体地，分别用"应付账款＋应付票据＋预收账款"与总资产之比（Pay_Asset）和"应收账款＋应收票据＋预付账款"与总资产之比（Pay_Asset）作为因变量（显然，这两个变量取值都位于0~1之间），假设其服从 Logistic 或者 Beta 分布，使用 Stata MP 15.0 的 fracreg 或者 betareg 回归命令做回归分析，考察回归结果有何变化。在回归中控制年度固定效应、行业固定效应与省份固定效应，并采用异方差稳健标准误。

回归结果如表 4.21 所示。可见，结论保持稳健，企业规模越大，应付款越多，应收款越少，这意味着大企业净输出商业信用更少。

表 4.21　企业规模影响商业信用的"比例响应模型"回归分析结果

	（1）	（2）	（3）	（4）
回归模型：	fracreg（logit）	fracreg（logit）	betareg	betareg
因变量：	Pay_Asset	Rec_Asset	Pay_Asset	Rec_Asset
LnAsset	0.1738***	−0.0980***	0.1749***	−0.0635***
	（41.6880）	（−22.9620）	（43.1195）	（−14.4646）
LnAge	0.0649***	−0.1689***	0.0305***	−0.1895***
	（5.4403）	（−15.2643）	（2.7861）	（−17.1465）
Fixed_Asset	−1.0003***	−2.0968***	−0.7866***	−1.6054***
	（−29.6151）	（−67.3285）	（−25.5991）	（−51.5025）
Sale_Asset	0.6094***	0.4325***	0.6058***	0.4372***
	（59.6650）	（40.6939）	（56.4805）	（39.0596）
Sale_Growth	0.0094	−0.0214***	0.0049	−0.0163*
	（1.1568）	（−2.5860）	（0.6307）	（−1.8957）
Profit_Sale	−0.6508***	−0.2367***	−0.5368***	−0.1956***
	（−24.4442）	（−9.1603）	（−20.6982）	（−7.1124）
Cash_Asset	−0.6940***	−1.8440***	−0.6554***	−1.4710***
	（−16.1481）	（−47.2223）	（−16.2722）	（−36.1828）

续表

	（1）	（2）	（3）	（4）
回归模型：	fracreg（logit）	fracreg（logit）	betareg	betareg
因变量：	Pay_Asset	Rec_Asset	Pay_Asset	Rec_Asset
Debt_Asset	−0.8759***	0.1820***	−0.6061***	0.2720***
	（−25.1523）	（5.2961）	（−18.1251）	（7.8603）
年度固定效应	是	是	是	是
行业固定效应	是	是	是	是
省份固定效应	是	是	是	是
观测数	31,417	31,417	31,417	31,417

注释：括号内为经过修正的 t 值（采用异方差标准误）***、**、* 分别表示在 1%、5% 和 10% 水平显著。

4.4 本章小结

本章利用企业微观数据证明企业规模与应付款规模显著正相关，与商业信用净输出（应收与应付之差）显著负相关，这意味着大企业更容易"拖延付款"。这一结论既不同于传统的商业信用"融资工具理论"预测（该理论认为，大型企业外部融资能力强，应该输出更多商业信用），也不同于商业信用"企业发展阶段理论"预测（该理论认为，随着企业从小到大，商业信用净输出与企业规模有 U 型关系）。本章研究进一步验证发现，往往被认为具有信贷优势的国有企业以及有息负债利率低的企业反而持有更多的应付款，而净输出商业信用却更少，且该结论有一定的普遍性，即使把坏账和账龄等因素考虑进去，用不用的回归手段验证，都没有变化。

本章实证结果表明，当前我国有企业业间负债具有突出的"结构性"问题，表现为"大欺小"，即强势企业凭借自己的市场势力，利用商业信用的形式占用了其他企业的资金。第 5 章将具体探讨其原因。

第 5 章　拖欠作为公司治理问题：
"大欺小" 机理分析

第 4 章实证检验了 "大欺小" 问题，即，强势企业凭借自己的市场势力，利用商业信用的形式占用了其他企业的资金。从现有文献看，试图解释这一现象的传统理论包括 "企业信用""质量保证""价格歧视""市场地位" 等。但正如第二章 "文献述评" 一节讨论的，这些解释尚不充分。

本章另辟蹊径，构建了一个弱势供应商和强势客户（包括采购和财务两个部门）的博弈模型，以此来论证：是企业内部各部门（采购部门和财务部门）的摩擦导致企业不能有效承诺 "准时付款"，让供应链处于无效均衡，从而说明企业拖欠款项行为是一个公司治理问题，"损人不利己"。其核心机制是：财务部门有 "延迟付款" 以节省财务费用的激励，导致企业整体上无法有效承诺 "准时付款"；预期到下游客户会 "拖欠"，处于充分竞争状态的供应商不得不在报价中包含 "拖欠补偿" 来覆盖其额外的资金成本；因为强势企业的资金成本往往低于其弱势供应商，该 "拖欠补偿" 超过了下游企业节省的财务费用，这意味着下游企业的拖欠行为推升了供应链整体的财务成本；采购部门基于 "毛利润"（预期销售价值与采购成本之差）最大化的考虑，在做采购决策时不考虑企业 "资金成本（或收益）"，加剧了财务部门拖欠付款导致的不良影响。整体来看，下游企业拖欠问题的根源是企业内部部门（采购部门和财务部门）之间的目标不一致、利益不匹配，是一个公司治理问题，在给供应商造成资金压力的同时，导致其本身利润低下，也让供应链处于无效率状态。本书也用企业微观数据做了实证检验，证明高质量的内部控制和外部治理机制有助于改善企业"延迟付款"的问题，且限制企业拖欠的外部干预措施有助于提升下游企业本身的业绩。

本章首先介绍研究背景，然后构建模型从企业内部摩擦导致无法承诺"准时付款"角度出发分析大企业"延迟付款"的机制及其"损人不利己"的后果，并实证检验"延迟付款"反映了企业本身的公司治理问题。在定量研究的基础上，本章也梳理了供应链金融发展的新态势，结合本章模型分析和实证发现，讨论供应链金融对于改善企业"拖欠"问题的贡献。

5.1 研究背景

之前文献中只是笼统地分析了所谓"市场势力"或者"市场地位"对商业信用的影响，基本逻辑是强势企业利用自己较高的市场地位，强迫弱势供应商忍受更长的账期。但是这一论证没有考虑"账期"和"价格"之间的联系。经典的"市场势力"理论一般用两种方法构建市场势力的影响：第一，双方根据某一比例"分享"利润，强势企业占比高，弱势企业占比低；第二，更为极端的，强势企业选择契约条件，弱势企业只能选择"接受、参与"或者"拒绝、不参与"（这种情况下，弱势企业只能获得其"保留利润"，所有的剩余利润都被强势企业获取）。总之，"市场势力"理论分析的是强势企业和弱势企业之间的利润分配比例。具体到商业信用，其账期和交易价格息息相关，且都与利润有关。所以市场势力应该同时影响账期和价格。如果同时考虑账期和价格，强势企业拖欠弱势企业的款项可能并非最优。其核心原因是，从利润分配来看，因为市场势力不对等，弱势企业的利润已经被完全挤占，此时再延长账期，必定会导致价格上升，以维持弱势企业的零利润而非负利润。即，弱势企业的"参与限制"（participation constraint）是紧条件；从资金成本来看，强势企业往往融资成本低，弱势企业往往融资成本高，强势企业"延迟付款"推高了整个供应链的财务成本。Kindleberger 在 *A Financial History of Western Europe* 一书中精准地描述了这一现象：君主当然可以在一定时期内"欠账"，但是被欠账的商户需要付出较高的利息成本，且该利息成本会迅速体现在价格上。[①]

我们用一个简单的模型来解释这一现象。设想供应链的一环包含一个强势客户（C）和一个弱势供应商（S）。不失一般性，我们假设强势客户设计合同，弱势供应商只能获取保留利润（P_0）。假设 C 和 S 之间的交易价格为 P。我们假设 S 的融资成本为 R_S（本期借入金额为 K 的款项，下一期归还 $K \times (1+R_S)$ 金额）。在 $t=0$ 期，两者交易。如果采取现金交易模式，则交易完成。如果采取延迟付款模式，则在 $t=0$ 期，C 获取 S 的货物，但直到 $t=1$ 时才给付款项。则

现金交易模式下，$P_1=P_0$

延迟付款模式下，$P_2=P_0 \times (1+R_S) > P_1$

当然，商业信用模式下的延期付款可以为下游企业"节省"财务费用，假设该企业的融资成本为 RC，则在商业信用模式下，对于下游客户而言的"实际价格"为

$P_2' = P_0 \times (1+R_S) / (1+R_C)$

如果 $R_C < R_S$，显然 $P_2' > P_0$。这意味着，虽然表面上看来下游客户拖欠货款的行为可以节省财务费用，实际上这导致上游供应商要承担额外的财务费用，从而提升了供货价格——整体来看，当下游客户的融资

---

① 转引自 Nielson（2002）。英文原文为 The Sovereign can leave bills unpaid – for a time – although high rates of interest quickly find their way into prices paid by the royal household. 中文为本书作者翻译。

成本低，上游供应商融资成本高时，下游客户拖欠货款的行为是"损人不利己"。

　　实际上，传统文献往往在不考虑价格机制或者假设价格机制失效的情况下讨论商业信用，例如假设价格具有"黏性"（sticky price）或者价格调整受到法律制约（例如在美国有 Robinson - Patman"反价格歧视"法案，为了保护小型零售商不受大型连锁超市的"挤压"，对某些零售品设置最低销售价格，此时账期可以作为变相"价格歧视"的手段）。

　　本节从企业内部各部门（采购部门和财务部门）利益不协调的角度切入，结合现实案例，讨论既然企业拖欠行为"损人不利己"，那为什么企业无法做到准时付款？近年来，供应链金融获得较快发展，其中重要的内容就是应收账款的保理和应收票据的贴现业务，这两类业务的主要作用在于变相缩短了付款周期。其中，编者重点关注了 2014 年银监会开始试点的企业集团财务公司开展"一头在外"票据贴现业务的情况——该业务是企业自身的财务公司为贴现企业自身开具的承兑汇票，① 相当于"主动"缩减了账期，却能改善企业利润：财务公司利息收入增加的同时，公司的采购成本也下降了。该现象值得深思：如果票据贴现能实现这样的效果，为什么在试点政策出台之前企业不能准时付款，乃至提前付款达成同样的利润改善效果呢？其实，这正应和了本章核心观点：企业内部采购部门和财务部门的目标不一致、利益不匹配，在"一头在外"票据贴现业务试点之前，财务部门出于节省财务费用的考虑有延期支付的动机，而采购部门的主要考虑因素是"毛利润"（销售价格与进货价格之差）最大化，由此造成企业整体上无法做出"准时付款"的有效承诺，降低了整个供应链的效率；而"一头在外"票据贴现等供应链金融模式相当于把财务部门"节省"的财务费用变成了"赚取"的资金收益，实现了"准时付款"，在减轻供应商资金压力的同时

――――――――
　　① 业内形象地称该业务是"左手开支票，右手给贴现"。

改善了下游企业本身的利润。

5.1.1 企业内部各部门之间的"摩擦"

企业拖欠行为是"损失不利己"：虽然延迟支付可以占用供应商资金，节省财务费用，但供应商需要承担额外的财务费用。供应商会要求更高的价格以弥补自己的损失，最终企业需要自己承担拖欠所带来的效率损失。这意味着传统的"市场势力"说不足以解释为什么强势企业会拖欠弱势企业的款项：如果强势企业的外部融资成本低于其供应商，则强势企业的最优策略不是拖欠货款，而是要求供应商降低价格。实际上，传统文献往往在假设价格机制失效的情况下讨论商业信用，例如假设价格具有黏性（sticky price）或者价格调整受到法律制约（例如，有些国家的法律禁止价格歧视，所以账期成了变相"价格歧视"的手段）。

本书从另一个角度来解释这一问题。文献中往往把企业抽象为一个"个体"来分析，其目标为利润最大化。Coase（1937）从交易成本的角度来分析"企业"和"市场"，认为企业的特征是"科层制"，是集权式的、行政性的、指令化的管理和决策模式，而非分散的自由交易——当交易成本太高时，企业的"科层制"有助于降低整体成本，提升整体效率。基于此，传统文献中往往把企业视为一个追求利润最大化的整体，无论是大企业还是小企业。企业的所有经济活动都被认为是出于一个整体的科层结构和权威机制（Rauterberg，2005）。但是这种建模方式忽略了企业中各部门之间的"协调"问题。实际上，企业各部门之间普遍存在摩擦，尤其是采购等业务部门和财务部门之间，关系往往比较复杂。

下游客户和上游供应商之间的供货合同主要是采购部门和供应商之间签订，而付款则由财务部门负责。客观上，财务部门负责管理企业的现金流，有"延迟付款"的动机，因为延迟付款相当于"免费占用资金"，账期是核心考虑因素之一。但采购部门的目标是最大化"营业利润"，即"销售收入"与"销货成本"之差。采购部门更加重视价格和质量，更少关注账期。在这种情况下，企业不能被抽象为一个"个体"，而是多个"半独立"的部门互相博弈形成的有机体，尤其是大型企业。Purchasing Insights（2012）指出，供应链金融业务可以实现"双赢"却往往被忽视，一个重要原因是缺乏"可视化"，导致各部门片面追求自己"可视"的利益。具体地，在企业内部，采购部门往往只看重采购成本，对于资金成本缺乏认识；而财务部门则过于看重资金成本，对供应商管理缺乏认识。基于此，该文分析了供应链金融业务如何创新以使得上下游企业以及企业内部各部门都能获利的机制。例如，自动付款机制（通过第三方平台，实现出票、记账、承兑、贴现、付款等业务的自动化，避免人为因素导致的拖欠）、动态折扣机制（账期和折扣形成一个动态的关系，提前付款折扣作为财务部门的"利润"）等。Caniato 等（2016）发现，财务部门跟业务部门（例如采购部门、物流部门或者供应链管理部门）的合作对于企业的商业决策和财务政策有重要影响，并提供了某家公司的真实案例：该公司第一次推行针对供应商的"反向保理"措施时，财务部门和采购部门之间缺乏互动，导致方案的出台一拖再拖，且最终方案也缺乏可实施性，最终未能获得推行；第二次尝试时，公司财务部门加强了与采购等具体业务部门的交流，把反向保理方面的协议跟其他的供应商协议通盘考虑，取得了采购经理们的支持，最终取得了成功。

　　一个现实的案例可以作为佐证。2015 年，华为内部刊物《管理优化报》刊登文章《一次付款的艰难旅程》，反映了一线业务员向客户预付款时遇到审批环节多、人为阻力大、流程复杂的问题，引发内部员工激烈讨论，受到任正非的重视，也引起企业界广泛关注。这一问题具有普遍性。从内部控制的角度，为了控制风险，财务人员按照一定的流程要求来审批、安排资金流转，具有合理性和必要性。但是，由于财务人员和业务人员的工作性质不同，交流沟通不够，内控机制不完善，客观上造成效率低下和部门冲突。如果财务部门想延迟付款，有多种方法。第一，以"尚处于付款签批过程中"为借口来拖欠付款。企业资金支出签批流程往往比较复杂。通常，需要部门经理签字证明业务属实，财务部审核预算、发票、金额后转给财务总监签字以明确资金量及其流向，然后主管副总经理签字同意资金支出，在某些情况下还需要总经理签字。这种情况下，借口严格执行签批流程，只要有一位负责人因各种原因无法签字，即可"成功"拖延付款。第二，企业以承兑汇票而非现金来支付款项，相当于变相延长账期。例如，在电动物流车产业链上，一般是下游车企首先预付 20% 至 30% 的款项，动力电池供应商便开始发货，并设置 2 至 3 个月的付款账期，到期后，车企会往往以银行承兑汇票的方式支付总金额的 50% 至 65%，余下 5% 至 20% 作为"质保金"会滞压一年甚至更久。[①]供应商拿到银行承兑汇票，如果想贴现，需要根据市场利率水平高低承担一定的"折扣率"，甚至会被要求提供担保措施，而这些都变相增加了供应商的成本。

无论是直接拖欠货款（供应商持有应收账款）还是以承兑汇票而非现金来"结算"（供应商持有应收票据），供应商都无法获得真实资金支持。如果面临资金流动性冲击，不得不进行某种形式的变现，而这种变现往往会增加财务成本。主要的变现方式有两种：应收账款保理业务和应收票据贴现业务。我们在以下部分做分析。

5.1.2 应收账款和应收票据的"变现"

从贴现的角度，企业可以将应收账款转让或者委托给第三方（银行或者其他机构），获得第三方提供的流动资金支持，该业务称为"保付代理"（简称"保理"）。2018 年之前，商业保理公司密集设立。截至 2018 年 12 月 31 日，全国 31 个省（直辖市、自治区）均已设立了商业保理企业及分公司，全国已注册商业保理法人企业及分公司总数达到

---

① 参见 http://www.gg-lb.com/asdisp2-65b095fb-32446-.html。

11541 家，全年商业保理业务量约为 1.2 万亿元。[①] 截至 2018 年 5 月，已有近 100 家 A 股上市公司宣布并购或参与设立商业保理公司，这些上市公司一般应收账款规模较大，上下游企业众多，且多是制造业（尤其是传统制造业）企业。[②] 对于部分上市公司，保理公司甚至已经成为重要的利润来源。例如，法尔胜曾是一家主业为金属制品生产的企业，但自从 2016 年收购摩山保理以来，保理业务已经成为主营业务，2017 年保理业务产生净利润 1.92 亿元，同比增长 52%，而同期上市公司整体的净利润仅为 1.49 亿元（其中归母净利润仅为 1.43 亿元）。

当然，从事保理业务风险较高，也可能引发违法违规操作。上市公司开展保理业务虽然有利于处置本公司内部（子公司）应收账款，强化应收账款的管理、催收工作，但是在某些情况下可以将应收账款风险从上市公司向非上市的关联单位转移，从而粉饰财务报表。此外，对外开展保理服务，在赚取利息和佣金的同时，需要承担相关企业拖欠甚至无法付款的风险以及违规操作风险。

2018 年以来，针对保理行业的监管趋严。2019 年，原银保监会发布《关于加强商业保理企业监督管理的通知》，从依法合规经营、加强监督管理、稳妥推进分类处置、严把市场准入关、压实地方监管责任、优化营商环境六个方面指导各地加强商业保理企业的事中、事后监管。2020 年，原银保监印发《商业保理企业名单制管理工作方案》，对商业保理企业实施名单制管理。北京、上海、天津等地均出台了有地方特色的商业保理企业管理办法，引导行业回归本源，服务于实体经济尤其是中小企业融资需求。近年来，保理行业保持平稳有序健康发展。根据观研报告网研究报告，2021 年我国商业保理市场业务量约 1.8 万亿元，

---

① 参考：商务部国际贸易经济合作研究院信用研究所、中国服务贸易协会商业保理专业委员会、悦达商业保理公司保理研究院联合发布的《中国商业保理行业发展报告（2018）》

② 参考：张玉洁. 近百家上市公司涉足监管趋严保理业面临洗牌 [N]. 中国证券报·中证网 2018 年 5 月 21 日。

"十四五"末有望突破 3 万亿元。[①]

应付账款到期时，除了拖延付款（继续持有应付账款），客户也可以开具承兑汇票，将应付账款转为应付票据。承兑汇票是指承兑人承诺在未来指定日期无条件支付指定金额的票据，分为商业承兑汇票（承兑人为企业）和银行承兑汇票（承兑人为银行），一般为半年期乃至一年期。从整体而言，给付承兑汇票的方式变相延长了账期，3 个月的应付账款加上 6 个月期的承兑票据，相当于 9 个月的付款账期。

持票人（汇票的收款人）拿到承兑汇票后，一般有以下两种操作选择：第一，持有到期，收到款项；第二，转移给第三方，该第三方可以是金融机构（票据贴现），也可以是其他企业和个人（票据转让），均会有一定折扣率（取决于承兑人信用状况、款额、期限、市场利率水平等因素），根据票据转移后的原持票人责任设置还可以分为有追索权的转让和无追索权的转让。一般来说，核心企业的商业承兑汇票和大型银行的银行承兑汇票是流动性高、贴现折扣率低的票据。承兑汇票可视为介于现款给付和纯粹"赊账"（应付账款）之间的结算方式，在企业间广泛使用。应付账款的金额和账期依托于供货合同，相对比较灵活，延期支付、打折支付甚至以实物抵付的情形并不罕见。应付票据则更加规范，严格设定了支付金额和时间，除非发生财务危机，一般不会发生拖欠等情况。

承兑汇票贴现业务与应收账款保理业务有相似性。一般来说，对于收款方，应收账款保理的费用超过票据贴现。2019 年 3 月两会期间，全国人大代表、企业家刘学敏提交了《关于进一步加大金融支持民营企业力度的建议》，认为"从宏观的角度来看，银行承兑汇票加速了利润由实体经济向金融行业的转移"，因为企业需要按照 5% 左右的"折扣率"向银行贴现，在经济下行的背景下，该部分多余的财务成本进一步恶化

---

① 参考：观研报告网《中国商业保理行业发展现状研究与未来投资调研报告（2022–2029 年）》

了企业的利润率，加剧了企业的困境。基于此，刘学敏建议逐步取消承兑汇票。[①]

但是，"一刀切"地取消承兑汇票并非好的解决方案，甚至会"南辕北辙"，进一步恶化大企业拖欠中小企业款项的问题。从会计角度上看，在合同约定账期内，应付款项客户记账为"应付账款"；约定账期到期，客户给付一张承兑汇票，则应付款项变为"应付票据"。因为承兑汇票为到期无条件足额付款凭证，相对应付账款而言，不确定性大大降低。所以，对于客户，从应付账款转为应付票据，是从相对不确定的付款承诺转为相对确定的付款承诺。反之，对于供应商，从应收账款转为应收票据，是从相对不确定的应收款转为相对确定的应收款。如果盲目打压承兑汇票，可能导致大企业转而延长应付账款本身的账期，对中小企业反而更为不利。

总之，即使采购部门出于维护供应商关系的动机督促财务部门付款，财务部门还是可以借助一些手段来拖延付款（延长应付账款账期）或者给付承兑汇票而非现金（把应付账款转化为应付票据，但不影响运营资金）。在这个意义上，客户无法对"准时付款"做出有效承诺。考虑到这一点，供应商在最初签订供货合同时就会提高报价。最终，供应商和客户之间达成某种"均衡"（或者说"默契"），但正如本章接下来要论证的，这种均衡可能对客户本身不利。此处，以 2014 年银监会推行企业集团财务公司开展"一头在外"票据贴现业务试点工作的案例来分析，核心企业缩短付款周期可以改善企业本身的利润，从而从反面证明客户拖欠供应商货款对客户本身不利——企业拖欠行为是"损人不利己"。

5.1.3 企业集团财务公司开展"一头在外"票据贴现业务

一个有趣的现象是，有些下游客户以承兑汇票的方式"付款"给

[①] 参见 http://www.cdhptxw.com/pjxw/zxzx/903.html。

上游供应商，同时为上游供应商提供在客户自身"财务公司"贴现的服务，贴现折扣成为财务公司的利润。该种贴现方式在业界称为"一头在外"票据贴现，即票据出票人和票据承兑人为本集团（公司）或者本集团的子公司，票据持有人为外部的供应商（陈启农和周宇润，2018）。整体来看，这相当于变相缩短了账期，同时降低了价格。

从历史来看，这一业务尚较"年轻"。虽然大型企业集团设置财务公司久已有之，但很长时间以来，这些财务公司的主要功能是进行集团层面现金管理、协调各成员单位的收付款、为成员单位提供融资等财务服务等，并不具有对外开展票据贴业务的资质。2014年，原银监会选取北汽、上汽、海尔、格力、武钢等5家企业集团财务公司试点延伸产业链金融服务，包括"一头在外"的票据贴现业务和"一头在外"的应收账款保理业务，来缓解供应链核心企业的上下游中小企业融资难问题，加强企业集团资金集中管理和提高企业集团资金使用效率。[①]2016年11月，原银监会发布《中国银监会办公厅关于稳步开展企业集团财务公司延伸产业链金融服务试点工作有关事项的通知》，在全国范围内开展财务公司延伸产业链金融服务试点工作，以落实国家对中小微企业的扶持政策，扩大企业集团资金池运营渠道，促进企业集团财务公司在支持集团主业发展、有效服务实体经济方面发挥更大作用。[②]根据《2017年企业集团财务公司发展报告》，截至2018年7月，集团财务公司行业共有法人机构约260家，主要分布在石油化工、电力、军工、汽车制造、电子电器等17个行业，依靠企业集团的资金，为上下游的中小企业、小微企业营造良好的生态圈，促进产业链金融的发展。[③]

本节以某大型央企财务公司为例来分析其业务流程。笔者2019年初深度调研该公司"一头在外"票据贴现开展情况。2017年，该公司

---

① 参见 http://www.sohu.com/a/274953923_494793。
② 参见 http://www.cbrc.gov.cn/govView_7C44E6FA6E184B7C8927317A2A833F94.html。
③ 参见 http://www.sohu.com/a/259754934_818225。

入选首批开展延伸产业链金融业务的央企财务公司，正式开展"一头在外"票据贴现业务。该公司可以为集团外部供应商办理票据贴现业务，即当集团子公司以开具承兑汇票的形式而非现金结算时，持有汇票的外部供应商可以凭票在该财务公司以一定贴现率来换取现金。截至 2019 年初，该财务公司仅办理电子银行承兑汇票和电子商业承兑汇票贴现业务，暂不办理纸票贴现业务。经资格审核后的外部供应商如果要办理贴现业务，向该公司提交贴现业务申请表、企业法人营业执照、银行账户信息、票据电子票样、贸易背景证明等材料，即可按照某种贴现利率进行贴现，不需要另外开户或者进行柜台办理。贴现利率是以市场价格为基础不定期浮动。根据该公司官网的表述，该公司积极与市场价格接轨，主动下调财务公司承兑的电子银行承兑汇票贴现率，明显降低了内部成员单位和外部供应商贴现成本。笔者也获取了该公司在 2019 年 3 月执行的"一头在外"票据贴现利率信息。[①] 视供应商等级、票据金额和票据期限等因素，贴现率位于 4% 至 6.5% 之间。一般以 6 个月区分短长期，短期票据折现率低 0.2 个百分点左右；金额越大，贴现率越低，100 万元以下和 1000 万元以上差 0.8 个百分点左右；产业链外部第一手供应商贴现率低于多手供应商，差 0.2 个百分点左右；银行或者财务公司承兑的汇票贴现率低于普通的商业承兑汇票，差 1.3 个百分点左右。与之相比，根据 CEIC 数据库，2019 年 2 月的贷款基准利率为 4.35%，2018 年第四季度的票据融资贴现利率（加权平均）为 3.84%，但中小企业面临的利率一般要上浮 50% 甚至更高。根据笔者了解，中小企业贷款的实际利率往往在 6% 至 12%。可见，票据贴现提供了成本较低的融资手段。

有证据表明，财务公司以票据贴现方式为上下游中小企业提供资

---

① 该企业某子公司财务部门工作人员为本书作者提供了比较详细的贴现率表格，列明了针对不同群体、不同票据的贴现率。实际业务中基本以该贴现率操作，如有特殊情况，可以由财务公司、子公司以及供应商三方具体协商。应要求，此处隐去企业名称。

金支持，降低了这些企业的融资成本。以某地方国有企业财务公司为案例，该公司将信贷管理系统与母公司主要产品供应链管理系统、企业资源计划管理系统对接，从而掌握了供应链上的信息流、货物流、资金流的全部信息，并能实时查询供应商和经销商的认证、考核、绩效、供货比例、合同、订单、应计负债、应收账款等信息，实现了保理业务一对多、跨区服务，可以更好满足上游供应商的金融需求。相对银行等金融机构，财务公司可以提供更为优惠的贴现利率。据相关报道，当时市场上能获得银行授信的产业链上的中小微企业平均融资成本比基准利率高30%至50%，而该地方国有企业财务公司利用自身对产业链客户的掌控程度，针对产业链的业务类型进行产品定价，可以明显降低其融资成本，应收账款保理融资综合执行费率较原合作银行优惠25个基点，上游供应商票据贴现加权平均贴现利率较同期市场利率优惠51个基点，下游经销商买方信贷加权平均贷款利率较同期市场贷款平均利率优惠66个基点，下游经销商票据贴现加权平均贷款利率较同期市场各类票据贴现平均利率优惠69个基点；试点延伸产业链金融服务4个多月以来，该财务公司新增供应商客户保理融资业务17笔，金额8.97亿元；票据贴现591笔，金额22.83亿元；参照市场平均利率计算，该财务公司获批延伸产业链金融服务试点单位后4个月内为产业链上下游客户节约财务费2416万元。

同时，也有证据表明此举提高了财务公司乃至整个集团的利润。之前，集团的现金一般是以存款的形式存放在银行；现在，财务公司的保理和贴现业务收益率明显超过存款利率，且节省了结算手续费，财务公司利润获得改善。除此之外，给供应商回款加快后，采购成本也得以降低。又例如，北车集团财务公司相关负责人的表述更加直白："我们做了一个简单的统计分析，如果对供应商里边的30%中小企业开展金融服务，规模能达到100亿元以上。财务公司可以按7%的利率进行服务。同时集团采购成本大约下降10%，集团的综合收益能够达到12%，效益比较可观。"①

　　这种结果看似意外，却符合经济学逻辑。实际上，在该业务推行过程中，曾经受到一些非议，认为该业务是典型的"流氓"行为：大型核心企业一方面开具承兑汇票（而非现金结算）来变相延长账期；另一方面又提供票据贴现业务来试图赚取利息，体现了大型企业对中小企业的"双重压榨"，进一步恶化了供应链的整体利益。但是，从市场反应来看，一方面供应商可以以更优惠的利率实现票据贴现、提前回款；另一方面下游企业的利润也得以改善，可谓"双赢"。但是，在"一头在外"票据贴现业务获准开展之前，下游企业其实可以主动缩减账期、减少拖欠，来达成同样的效果，却未能实现。其中的原因值得深思。本书认为，其"症结"是企业内部摩擦，主要是财务部门和采购部门目标不一致、利益不匹配所致。采购部门的目标是最大化"营业利润"（即最终产品销售价格减去进货成本），财务部门的目标却是通过资金管理来节省财务成本。这导致财务部门有延迟付款的激励，企业整体上无法承诺"准时付款"；预期到这一点，供应商在最初的供货合同签订时就会要求"拖欠补偿"，而采购部门却不会考虑财务费用的问题。整体来看，供应链处于无效率状态。下一节将具体具体建模分析，并做实证检验。

5.2 模型构建

　　本研究在考察弱势企业和强势企业的交易时，把强势企业分为两个核心部门（即采购部门和财务部门）来建模，突出强势企业的内部摩擦（采购部门和财务部门目标不一致、利益不匹配）导致企业无法准时付款，降低了供应链整体效率，也对强势企业本身不利。在这个意义上，本研究不同于传统的"市场势力"理论。传统的"市场势力"理论

---

① 参见 https://www.chinabond.com.cn/Info/20952571

认为，强势企业的拖欠行为节省了其本身的财务费用，增加了其供应商的财务成本，是"损人利己"的行为，本质上是利润在供应链上分配的"正常"表现。本研究另辟蹊径，把账期和交易价格结合起来考虑，论述强势企业的拖欠行为可能"损人不利己"。本书从"企业不能承诺准时付款"的角度，从理论上说明企业拖欠问题是一个公司治理问题，根源是企业内部部门（采购部门和财务部门）之间的目标不一致、利益不匹配导致企业整体上无法有效承诺"准时付款"。预期到下游客户会"拖欠"，上游供应商会在报价中包含"拖欠补偿"。这意味着下游企业的拖欠行为不仅给供应商造成额外的资金压力，也会推高下游企业的采购成本、降低其利润，供应链整体处于无效率状态。

参考 Dass、Kale 和 Nanda（2014）和 Hu、Qian 和 Yang（2018）等文献，本节考察供应链中的一环，包含一个强势客户（C）和一个弱势供应商（S）。不失一般性，本节假设强势客户设计合同，弱势供应商只能获取保留利润（可以设想供应商处于一个竞争市场，经济利润为零）。

供应商提供一种中间产品，该中间产品的质量用 q 表示，$q \in (0, 1)$。当中间产品质量为 q 时，其生产成本为 $g(q)$。我们假设 $g'(q)>0$，$g''(q)>0$，即中间产品质量越高，其生产成本越高，且生产成本随其质量上升而"加速"上升（边际成本递增）。从另一个角度，q 也可以表征供应商创新程度，$g(q)$ 则对应创新成本。

假设下游客户使用该中间产品生成一种制成品，其售价是一个随机变量（市场存在不确定性），可能的取值为 {VH，VL}，其中 VH>VL。中间品质量可以提高制成品获得高售价的概率。具体地，当中间产品质量为 q 时，制成品售价满足以下分布：

$$V = \begin{cases} V_H & \text{概率为 q} \\ V_L & \text{概率为 1-q} \end{cases}$$

本节假设下游客户的制造成本与中间产品质量无关，即对于下游客户而言，中间产品质量只影响其采购成本和制成品售价的分布，不影响制造成本。

5.2.1 准时付款情况：下游企业可以承诺准时付款

交易过程如下。供应商与客户签订供货合同，客户收到货并质检通过后，即出具账单并以现金付款。由于供应商处于完全竞争的市场，没有市场势力，利润为零，则其报价即为 $g(q)$。

这时客户的利润为

$$\Pi^{准时}=qV_H+(1-q)\,V_L-g(q) \qquad\qquad (5-1)$$

在 $g^{r-1}\,(V_H-V_L)\in(0，1)$ 的条件下，客户"最大化利润"优化问题的解为

$$q^{**}=g^{r-1}\,(V_H-V_L) \qquad\qquad (5-2)$$

在本节的研究设定下，因为供应商利润为零，客户利润最大化也意味着供应链整体利润最大化。所以，q^{**} 即为整体最优解。

事实上，采购部门和供应商签订供货合同并完成收货交接后，需要由财务部门负责付款。但是，假定供应商已经供货，财务部门却有"延迟付款"的激励。财务部门主要关注企业的运营资金管理，"延迟付款"可以节省财务费用或者赚取利息收益[①]。在这种情况下，"准时付款"不是均衡状态，因为财务部门有偏离该状态的动机。预期到财务部门的"拖欠"行为，供应商会在报价中包括"拖欠补偿"。对于采购部门来说，其关注的是"毛利润"（即预期销售价值与采购成本之差），而较少关注运营资金管理的问题。假定财务部门拖欠、供应商征收"拖欠补偿"，采购部门也不会选择"准时付款"时的最优质量，而是根据新的报价体系选定质量水平。

[①] "节省财务费用"和"赚取利息收益"这两种理解方法是一个硬币的两面，都体现了资金对于下游企业的"机会成本"。

5.2.2 拖欠付款情况：采购部门和财务部门存在摩擦

设想如下交易过程。首先，供应商（S）与采购部门（P）签订供货合同。采购部门重视中间产品质量（q）和采购价格[供应商报价，用f（q）表示]。采购部门收到货并质检通过后，出具账单，发送付款指令[应付款总量为$f(q)$]给财务部门（F）。财务部门处于"节省财务费用"的目的，有延迟付款的动机。当应付款总量$f(q)$时，延迟付款可以节省的财务费用为，其中R_C为下游企业的资金成本。假设上游供应商的资金成本为R_S，则当应收款总量为$f(q)$时，被拖欠带来的额外财务成本为$R_Sf(q)$，收益变为$f(q)(1-R_S)$。[①]我们假设强势客户的资金成本低于供应商，即$R_C<R_S$。

为了排除"质量保证"这一因素的影响，假设质检期为零，即采购部门可以迅速识别供应商所提供的中间产品的质量[②]。为了排除"收付款账期匹配"的影响，假设下游客户的生产周期为零，即在获取中间产品后下游客户可以迅速生产出制成品。为了排除"风险分摊"的影响，我们假设下游客户和上游供应商都是风险中性的。

首先考虑供应商的报价机制。用$f(q)$表示供应商的报价，则供应商的"参与条件"（participation constraint）是

$$f(q)(1-R_S) \geq g(q) \qquad\qquad (5-3)$$

假设供应商位于一个完全竞争市场，则其"参与条件"（5-3）应该是紧条件，即其报价$f(q)$满足

$$f(q)(1-R_S)=g(q) \qquad\qquad (5-4)$$

---

① 这个过程可以理解为以下三种形式：第一，为了补充流动资金，供应商向银行申请流动资金贷款，利息支出；第二，供应商使用"应收账款保理"服务，得到流动性支持，相关费用为；第三，客户向供应商开具一张承兑汇票，供应商贴现此承兑汇票，贴现费用为。这三种形式在实际中均较为常见。

② 实际上，单纯的质检的确不需要很长时间。美国1988年修订"联邦准时付款法"时，规定政府购物货物或者服务时，出账前的检查期不超过7天。德国2014年修订民法，规定产品或者服务的检查期不超过15天。

如果成交价格低于 $f(q)$，供应商宁愿退出交易。

从而有

$$f(q)=g(q)/(1-R_S) \tag{5-5}$$

考虑采购部门的决策。采购部门的目标是最大化"营业利润"，即"销售收入"与"销货成本"之差：

$$(5-6)$$

在 $f'(V_H-V_L) \in [0,1]$ 条件下，采购部门优化问题（5-6）的解为

$$q^*=f'(V_H-V_L) \tag{5-7}$$

客户的整体利润为

$$\Pi^{拖欠}=qV_H+(1-q)\,V_L-f(q)+R_C f(q) \tag{5-8}$$

在该设定中，产生摩擦的核心机制有两个：第一，采购部门和财务部门之间存在摩擦，采购部门重视"毛利润"而财务部门重视"资金成本（收益）"，两者均不是最大化公司整体利益；第二，预期到客户财务部门的拖欠，会在报价中包含"拖欠补偿"，这时，供应商的报价不仅高于生产成本，且在边际上，随着中间产品的质量上升，报价的增长速度也大于生产成本的增长速度。下面章节分析以上摩擦带来的后果，比较"拖欠付款"和"准时付款"模式下，下游企业的利润以及中间品质量的区别。

5.2.3 "准时付款"和"拖欠付款"下的中间产品质量比较

首先，考察拖欠付款时的中间产品质量，有如下命题：

命题1：拖欠付款情况下，均衡状态的中间品质量低于准时付款情况；且 R_S 越大，其偏离越大，而与 R_C 无关。

证明：

考察拖欠付款情况下采购部门的优化解（5-7）以及供应商的报价规则（5-4），可知在 $g^{-1}(V_H-V_L)(1-R_S) \in (0,1)$ 的条件下，均衡状态下的中间产品质量为

$$q^*=g^{r-1}\left[(V_H-V_L)(1-R_S)\right] \tag{5-9}$$

有

$$g'(q^*)=(V_H-V_L)(1-R_S)<V_H-V_L=g'q^{**}) \tag{5-10}$$

因为 $g'(q)>0$，$g''(q)>0$，即中间产品生产成本随其质量上升而"加速"上升，亦即边际成本递增，可知

$$q^*<q^{**} \tag{5-11}$$

显然，q^* 与 R_C 不直接相关。考察 q^* 与 R_S 的关系，我们有

$$\partial q^*/\partial R_S =-[V_H-V_L/g''(q^*)]<0 \tag{5-12}$$

即，R_S 越大，q^* 越小，其相对的偏离越大。证毕。

可以从两个角度来理解命题1的含义。（1）从供应商的角度，因为客户无法承诺准时付款，预期到财务部门的拖欠行为，供应商会要求"拖欠补偿"，提高报价，即给定价格下供应商提供的中间产品质量下降了，这意味着拖欠所带来的额外财务成本降低了供应商提高产品质量的激励。（2）从客户角度，拖欠付款情况下，采购部门对中间品质量的要求过低，因为其面临的报价已经包含了供应商要求的"拖欠补偿"，且其不会考虑到财务部门拖欠可以节省的财务费用（或者赚取的利息收益）。其核心机制是，中间产品质量越高，其价格越贵，订单金额越大，被客户拖欠带来的额外财务成本（该项与订单金额成正比）也越高。在这种情况下，随着中间产品质量提升，在真实生产成本的基础之上，供应商会要求越来越高的"拖欠补偿"。

值得指出的是，q^{**} 本身与 R_C 无关，这意味着即使 R_C 与 R_S 相等（这时，客户节省的财务费用恰好等于供应商额外承担的财务费用，从供应链整体来看，"拖欠"行为没有增加额外资金成本）甚至 $R_C>R_S$（这时"拖欠"行为甚至可以帮助供应链整体节省财务费用），仍然存在均衡状态下中间产品质量低下的问题。这意味着，不论下游客户的资金成本如何，只要上游供应商的资金成本不为零，下游客户的"拖欠"行为就会扭曲中间产品的定价机制和均衡水平，导致均衡状态下供应商创新

不足，提供的中间产品质量低下。

5.2.4 "准时付款" 和 "拖欠付款" 下的客户利润比较

考察拖欠付款时下游企业的利润状况（5-8），有如下命题：

命题 2：拖欠付款情况下，均衡状态下游企业利润低于准时付款情况；且 R_S 越大，其偏离越大。

证明：

在 "拖欠付款" 情况下，根据式（5-8，结合式（5-5），均衡时下游企业的利润为

$$\Pi^{拖欠}(q^*; R_S, R_C) = q^*V_H + (1-q^*)V_L - (1-R_C)/(1-R_S)\, g(q^*)$$

$$(5-13)$$

在 "准时付款" 情况下，根据公式（5-1），假设选择同样的，有

$$\Pi^{准时}{}_{(q=q^*)} = q^*V_H + (1-q^*)V_L - g(q^*) \qquad (5-14)$$

因为 $R_C < R_S$，则

$$\Pi_C^{准时}{}_{\{q=q^*\}} > \Pi_C^{拖欠}{}_{\{q=q^*\}} \qquad (5-15)$$

另有

$$\Pi_C^{准时}{}_{\{q=q^{**}\}} > \Pi_C^{准时}{}_{\{q=q^*\}} \qquad (5-16)$$

故

$$\Pi_C^{准时}{}_{\{q=q^{**}\}} > \Pi_C^{拖欠}{}_{\{q=q^*\}} \qquad (5-17)$$

即，准时付款情况下客户利润大于拖欠情况下客户利润。

考察 Rs 对下游企业利润的影响，求 $\Pi^{拖欠}$ 关于 Rs 的导数。注意，式（5-13）中 q^* 并非是下游企业整体利润（5-8）的优化解，不能直接应用包络定理。考虑到式（5-9），有

$$\frac{d\Pi^{\text{拖欠}}}{dR_S} = (V_H - V_L)\frac{\partial q^*}{\partial R_S} - \frac{(1-R_C)g'(q^*)\frac{\partial q^*}{\partial R_S} + (1-R_C)g(q^*)}{(1-R_S)^2}$$

$$= (V_H - V_L)\frac{\partial q^*}{\partial R_S} - (V_H - V_L)(1-R_C)\frac{\partial q^*}{\partial R_S} - \frac{(1-R_C)g(q^*)}{(1-R_S)^2} \quad （5-18）$$

$$= R_C(V_H - V_L)\frac{\partial q^*}{\partial R_S} - \frac{(1-R_C)g(q^*)}{(1-R_S)^2}$$

因为 $\partial q^*/\partial R_S < 0$（式 5-12），以及 $g(q^*) > 0$，则显然 $(d\Pi^{\text{拖欠}}/(dR_S)$ <0。这意味着，R_S 越大，拖欠付款时下游企业的利润越低。证毕。

由此可见，下游企业的拖欠行为降低了下游企业本身的利润，且上游供应商资金成本越高，下游企业的利润损失越严重。这意味着企业内部采购部门和财务部门利益不协调导致无法承诺准时付款对于企业业绩造成了负面影响，在这个意义上，企业拖欠问题本质上是一个公司治理问题。好的公司治理模式应该充分关注并努力克服企业内部各部门之间的摩擦，使其行为协调一致，使公司整体利益最大化。

5.2.5 财务部门提供"票据贴现"服务的情况

票据贴现是供应链金融的重要业务形式。传统意义上，只有金融机构有资格开展"票据贴现"业务（相当于以应收票据为抵押的"授信"）。2014 年，银监会开始试点企业集团财务公司开展"一头在外"票据贴现业务，并在 2016 年扩大推行。该业务是指企业集团财务公司以一定折扣率贴现供应商持有的、财务公司本身或者集团子公司承兑的承兑汇票。该政策受到企业广泛支持，北汽、上汽、海尔、格力、武钢、马钢、鞍钢、中铁建、国投等企业纷纷开始开展该业务。本节承接以上模型，分析财务部门提供的"票据贴现"服务如何影响均衡状态的中间产品质量和下游企业利润。

设想财务部门拖欠的方法是开具承兑汇票而非给付现金，且财务部门同时提供"票据贴现"服务，即供应商可以在财务部门贴现其收到的承兑汇票，折扣率为 RT。假设 RC<RT<RS。有如下命题：

命题 3:财务部门提供"票据贴现"服务后,相比于拖欠付款但不提供"票据贴现"的情况,均衡状态中间产品质量提升,下游企业利润改善。

证明:

当财务部门提供折扣率为 R_T 的"票据贴现"服务时,供应商报价满足

$$(1-R_T)f(q)=g(q) \tag{5-19}$$

对照式(5-5),对于同样的 q,此时供应商报价低于没有"票据贴现"的情况。

此时在的条件下,采购部门优化问题(5-6)的解是

$$q=g^{r-1}((V_H-V_L)(1-R_T)) \tag{5-20}$$

因为 $g''(q)>0$,而 $R_T<R_S$,显然,

$$q>q^* \tag{5-21}$$

此时客户的利润变为

$$\Pi_{R_T}^{拖欠}=qV_H+(1-q)V_L-f(q)+R_Tf(q)=qV_H+(1-q)V_L-g(q) \tag{5-22}$$

则

$$\Pi_{R_T}^{拖欠}{}_{\{q=\bar{q}\}}=\Pi_{\square}^{准时}{}_{\{q=\bar{q}\}}>\Pi_{\square}^{准时}{}_{\{q=q^*\}}>\Pi_{\square}^{拖欠}{}_{\{q=q^*\}} \tag{5-23}$$

这意味着,当客户财务公司提供"票据贴现"服务后,对于同样的中间产品质量,供应商报价降低了;均衡状态下,中间产品质量提升,客户本身的利润状况改善。证毕。

企业财务部门开展"一头在外"票据贴现业务,相当于缩短账期,快速回款,其改善效率的核心机制是将企业部门通过"拖欠"而"节省"的财务费用转化为通过"贴现"而"赚取"的折扣利息,相当于将快速回款的收益"可视化"了,从而增强了财务部门"准时付款"的激励。

实际上,自原银监会 2014 年试点企业财务公司开展"一头在外"

票据贴现业务并在 2016 年扩大试点以来，一直有一种声音质疑该种业务具有"流氓"性质：大型企业一方面开具承兑汇票（而非现金结算）来变相延长账期，另一方面又提供票据贴现业务来试图赚取利息，体现了大型企业对中小企业的"双重压榨"，进一步恶化了供应链的整体利益。本节模型分析显示，事实可能并非如此。虽然票据贴现会引入折扣率（财务成本），但处于竞争市场的中小企业在签订供货合同时会将此折现率内化在价格中，保证得到其保留利润（即供应商的"参与条件"（5-3）是紧的）。大企业开具承兑汇票并提供贴现服务，相当于当应付款到期时准时付款，可以提高中间产品质量和最终产品预期售价，改善供应链整体的利润。

但是，需要指出，即使财务公司提供"票据贴现"业务，也不能达到"准时付款"时的最优状态。具体地，有如下命题

命题 4：财务部门提供"票据贴现"服务，只要贴现折扣率大于零，则与"准时付款"状态相比，中间产品质量差，企业利润低。R_T 越小，则均衡状态中间产品质量和下游企业利润越接近"准时付款"状态。

证明：

如果 $R_T>0$，比较式（5-20）和式（5-2），考虑到 $g''(q)>0$，显然
$$q<q** \tag{5-24}$$

另，由式（5-19），参考式（5-2），有

$$\Pi_{R_T}^{拖欠}{}_{\{q=\bar{q}\}} = \Pi_{\square}^{准时}{}_{\{q=\bar{q}\}} < \Pi_{\square}^{准时}{}_{\{q=q^{**}\}} \tag{5-25}$$

考察 R_T 的影响，从式（5-20）可见，R_T 越小，越大，再结合式（5-24）和（5-25），越大，越大。当 $R_T=0$ 时，达到"准时付款"下的最优状态。

证毕。

这意味着虽然从表面看来，贴现折扣率越高，意味着下游企业的财务部门可以赚取越多的利息收益，貌似对下游企业有利，但是上游企业

对于贴现率有理性预期且会在报价中包含"拖欠补偿";这时,供应商的报价不仅高于生产成本,且在边际上,随着质量上升,报价的增长速度也大于生产成本的增长速度;而下游企业的采购部门在做采购决策时仅仅考虑"毛利润",并不会考虑票据贴现业务带来的利息收益,故整体来看,均衡状态下,与"准时付款"时相比,中间产品质量不足,下游企业利润低下。

5.2.6 不能承诺付款条件下"业财融合"的情况

近年来,对于"业财融合"的讨论比较火热。所谓"业财融合",是一个管理会计中的概念,顾名思义,是指业务工作和财务工作的结合。具体来讲,郭永清(2017)定义业财融合为业务部门与财务部门通过信息化技术和手段实现业务流、资金流、信息流等数据源的及时共享,基于价值目标共同作出规划、决策、控制和评价等管理活动,以保证企业价值创造过程的实现。

在本章前述模型中,采购部门在做决策时,只考虑最大化"毛利润"(即预期产品售价与采购成本之差),而非最大化企业整体的利润。在本节中,假设采购部门基于最大化企业整体的利润做决策。但是,在"赊购"的条件下,财务部门仍然存在"延迟付款"的动机,所以下游企业无法做出"准时付款"的承诺。采购部门预期到这种拖欠,在做出采购决策时,会考虑到未来拖欠款项所能节省的财务费用。

首先考虑不提供"票据贴现"服务的情况。有如下命题

命题5:在下游企业的财务部门延迟付款且不提供票据贴现服务的情况下,如果采购部门考虑公司整体利益,则相比采购部门仅考虑本部门利益(最大化"毛利润"),中间品质量提升、下游企业利润改善,但仍然低于"准时付款"状况。

证明:

当企业采购部门考虑公司整体利益,则其优化问题变为

$$\max_{q \in (0,1)} \Pi_{\square}^{拖欠} = qV_H + (1-q)V_L - \frac{1-R_C}{1-R_S}g(q) \tag{5-26}$$

可知，均衡时的质量选择为

$$\hat{q} = g'^{-1}\left(\frac{(1-R_S)(V_H-V_L)}{1-R_C}\right) \tag{5-27}$$

因为 $R_S > R_C > 0$ 且 $g'(q) > 0$，可知

$$q^* < \hat{q} < q^{**} \tag{5-28}$$

结合式（5-1）和式（5-17），则有

$$\Pi_{\{q=q^*\}}^{拖欠} < \Pi_{\{q=\hat{q}\}}^{拖欠} < \Pi_{\{q=\hat{q}\}}^{准时} < \Pi_{\{q=q^{**}\}}^{准时} \tag{5-29}$$

证毕。

可知，在下游企业的财务部门延迟付款且不提供票据贴现服务的情况下，如果采购部门考虑公司的整体利润，而非单纯的"毛利润"，可以提高均衡状态下的中间产品质量，并改善公司利润。但是，无法实现"准时付款"下的最优状况。

接下来分析下游企业财务部门提供"票据贴现"服务的情况。此时，有如下命题：

命题6：在 $R_C < R_T < R_S$ 条件下，如果企业财务部门提供"票据贴现"服务，且采购部门考虑公司整体利益，则即使企业财务部门会"延迟付款"，下游企业也无法承诺"准时付款"，也能实现"准时付款"下的最优状况。

证明：

如果财务部门提供"票据贴现"服务，根据式（5-22），财务部门的优化问题变为

$$\max_{q \in (0,1)} \Pi_{R_T}^{拖欠} = \Pi_{\square}^{准时} = qV_H + (1-q)V_L - g(q) \tag{5-30}$$

显然，该优化问题的解为

$$\hat{q'} = q^{**} \tag{5-31}$$

即，当客户公司提供"票据贴现"业务，且采购部门考虑公司整体利润，则均衡状态下，中间产品质量和客户公司利润均达到最优。该设定等价于企业可以承诺准时付款的情况。证毕。

需要指出的是，命题 6 的成立与 R_T 具体取值无关（当然，R_T 需要满足 $R_C < R_T < R_S$。否则，如果 $R_T < R_C$，企业财务部门没有激励推行票据贴现业务；如果 $RT > RS$，则供应商不会在下游企业的财务部门寻求贴现）。实际上，该种设定下，RT 的取值不重要，但可同时影响报价机制和贴现机制，两者的效应恰好抵消。

综合命题 4、命题 5、命题 6 的论证可知，单纯的"供应链金融"（票据贴现）和"业财融合"（企业内部业务工作和财务工作的结合）都不足以实现供应链整体最优，两者结合才是"王道"。实际上，在 2019 年 3 月举行的第三届中国供应链金融年会（北京）中，以应收账款保理、应收票据贴现为主的供应链金融创新和企业"业财融合"数字化体系建设正是备受关注的两大议题。

5.2.7 外部制约机制发挥作用

以上模型中假设企业内部采购部门和财务部门利益不协调，导致企业无法承诺准时付款，从而降低了整个供应链的效率。如果外部制约机制可以提供一个"承诺工具"，使得财务部门不能或者不会拖欠付款，则可以改善下游企业的利润。这样的外部制约机制主要由以下两类：第一，政策限制。例如欧盟所采取的"限制账期"+"拖欠罚息"的政策（详见本书第 6 章 6.1 部分），这相当于限制了财务部门延迟付款的能力，或者提高了其延迟付款的成本（减少了其延迟付款的收益）；第二，市场约束。例如卖空机制改善市场定价效率、改善信息不对称，使得外部投资者有更强的要求企业改善内部治理、提升利润的能力，也相当于提高了财务部门延迟付款的成本（减少了其延迟付款的收益）。

具体地，有如下命题。

命题7：假设外部制约机制对下游企业的"拖欠"行为给予 RPf（q）的惩罚（可以理解成对于延迟付款进行"罚息"），则当 $R_P > R_C$ 时，企业财务部门不会延迟付款，从而实现全局最优。

证明：当 $R_P > R_C$，对于财务部门而言，延迟付款带来的收益为负，其会准时付款。上游供应商预期下游企业不会拖欠，在充分竞争的情况下，其报价即为成本 g（q）。此时，采购部门的优化问题与式（5-1）的优化问题一致，最优解即为式（5-2），从而实现全局最优。

2018年以来，我国各地政府大力推进防范化解拖欠中小企业款项问题相关工作，主要工作可以分成两类。第一类是行政性的"清欠"专项行动，即利用行政手段要求下游企业，尤其是占据市场优势地位的下游企业，尽快结清上游中小企业的款项。这一系列举措构成强制性的外部制约机制，有助于解决企业间款项拖欠的"存量"问题，可以在短时间之内缓解企业间款项拖欠给中小企业造成的资金压力。但对于防范化解新增"欠账"问题贡献有限。若缺乏长效机制和相应的惩罚措施，则占据市场优势地位的企业可能短期内结清款项，中长期又积累起新的应付款，形成"边清边欠"的循环，甚至导致部分企业形成"政府不管就拖欠、政府严管才还钱"的侥幸心理。第二类就是规则和制度层面的长效机制，包括企业间拖欠问题的监测、投诉、干预和惩罚机制等。这一长效机制同样构成强制性的外部制约机制，可以增大企业间款项拖欠的成本，促使下游企业加快支付相关款项，避免形成新的拖欠问题。从政策效果看，行政性的"清欠"专项行动与制度性的"防欠"长效机制要相互配合，在解决企业间款项拖欠"存量"的同时防范形成欠账"增量"，推动供应链上下游形成良性的商业信用合作关系。

5.2.8 模型总结

本节建立了一个供应商和下游企业（包括采购部门和财务部门两个部门）的博弈模型，供应商与采购部门签订供货合同，采购部门重视

"毛利润"（预期销售价值与采购成本之差）；供应商供货后，财务部门负责付款，但其有延迟付款的激励，因为其重视"资金成本（收益）"；预期到财务部门的"拖欠"，供应商会在报价中包含"拖欠补偿"。本节证明了在这种情况下，与"准时付款"模式相比，中间产品质量不足，下游企业利润低下。在这个意义上，企业内部部门（采购部门和财务部门）之间的目标不一致、利益不匹配导致企业整体上无法有效承诺"准时付款"，结果不仅给供应商造成额外的资金压力，也会推高下游企业的采购成本，降低其利润，使供应链整体处于无效率状态。上游供应商的融资成本越高，以上效应带来的扭曲就越严重。

在该设定中，产生摩擦的核心机制有两个：第一，采购部门和财务部门之间存在摩擦，采购部门重视"毛利润"而财务部门重视"资金成本（收益）"，两者均不是最大化公司整体利益；第二，供应商制造中间产品的成本随着其质量的上升而加速上升，且预期到客户财务部门的拖欠，供应商进一步在报价中包含"拖欠补偿"，该"拖欠补偿"与中间产品生产成本成正比例——故"拖欠付款"情况下供应商的报价不仅高于生产成本（即 $f(q) > g(q)$），且在边际上，随着中间产品质量上升，报价的增长速度也大于生产成本的增长速度 [即 $f'(q) > g'(q)$]。

这意味着企业拖欠是一个公司治理问题，"损人不利己"。根据以上模型分析，解决这个问题有以下三条措施。第一，高质量的内部治理有助于抑制该问题，因为高质量的内部治理可以让管理层更加主动地协调企业内部各部门之间的摩擦，使各部门利益更加协调一致，使得企业可以有效承诺准时付款，从而减少拖欠行为，提升企业利润。第二，利用"一头在外"票据贴现等供应链金融工具并通过"业财融合"促使采购部门在制定采购决策时考虑企业整体利益，可以克服"拖欠"问题带来的不良影响，改善企业利润。第三，有效的外部治理机制也可以发挥协调作用，"倒逼"企业内部各部门加强协调、改善企业整体收益。例如来自外部的限制性措施（例如政府"限制账期"＋"延迟罚息"等保护供应商的措施，或者政府部门运用行政手段"清欠"）或者市场治理机制（例如引入融资融券制度增强外部治理机制）可以增大企业拖欠的成本（减少企业拖欠的收益），相当于提供了一种"外部承诺机制"，在改善下游企业拖欠问题的同时有助于提升其利润。

基于此，本章接下来将在实证检验部分重点检验如下四个假设：

假设1：公司的应付款规模与营业成本率负相关，即拖延付款越严重的企业，其采购成本越高。

假设2：公司内部治理完善的企业，其应付款规模更少、净输出商业信用更多，即公司内部治理好的企业拖欠较少。

假设3：外部治理机制的改善有助于企业缩减应付款规模，增加商业信用净输出。

假设4：限制企业拖欠的外部干预措施有助于提升下游企业本身的业绩。

5.3 实证检验

5.3.1 主要结果1：企业"拖欠"导致采购成本高

根据以上模型分析，下游企业拖延付款会迫使上游供应商在交易价格中包含"拖欠补偿"，从而推升下游企业的采购成本。本节利用中国上市企业数据做实证检验。

本节用"营业成本率"（Cost_Rev）来衡量企业的采购成本，定义为营业成本与营业收入之比，作为因变量。自变量为企业应付款规模的衡量指标，包括：Net_Pay_Asset，"应付账款＋应付票据－预付款项"与总资产之比；考虑到本章模型中所分析的"拖欠"问题主要是针对应付款而非预付款，本节也用"应付账款＋应付票据"与总资产之比（Acc_Note_Asset）来衡量应付款规模，作为稳健性检验。控制变量包括：

LnAsset,企业资产规模取对数;Leverage,企业资产负债率(总负债与总资产之比);LnAge,企业年龄取对数;Sale_Asset,营业收入与总资产之比;Sale_Growth,营业收入相当上一年度的增长率;Debt_Asset,借款和债券之和与总资产之比;ROA,净利润与总资产之比。我们控制企业固定效应和行业—年度固定效应,并在企业层面做方差集聚。本节也测试仅控制行业—年度固定效应的情况。

描述性统计见表 5.1,回归结果见表 5.2。回归结果表明,应付款规模与营业成本率显著正相关,且从系数大小看来,应付款规模对成本率的影响在经济意义上也是显著的。以第(4)列回归结果为准来分析,企业的应付款(应付账款 + 应付票据)增加 10 个百分点,将带来营业成本率 3.4 个百分点的提高。这初步说明,下游企业的"拖欠"行为推升了其本身的采购成本,是"损人不利已"的行为。

表 5.1 应付款规模影响企业营业成本率回归分析的变量描述性统计

变量	观测数	平均值	标准差	最小值	中位数	最大值
Cost_Sale	32004	0.7315	0.1681	0.1912	0.7651	1.0212
Net_Pay_Asset	32004	0.0842	0.0968	−0.1340	0.0636	0.4072
Acc_Note_Asset	32004	0.1150	0.0936	0.0011	0.0900	0.4420
LnAsset	32004	21.716	1.2649	18.905	21.570	25.528
Leverage	32004	0.4531	0.2031	0.0511	0.4553	1.0000
LnAge	32004	2.5647	0.4926	0.6931	2.6509	3.3816
Sale_Asset	32004	0.6654	0.4834	0.0429	0.5454	2.7313
Sale_Growth	32004	0.2258	0.5700	−0.6781	0.1271	4.0284
Debt_Asset	32004	0.1883	0.1499	0.0000	0.1745	0.6348
ROA	32004	0.0421	0.1068	−0.9986	0.0380	10.032

表 5.2　应付款规模影响企业营业成本率的回归分析结果

VARIABLES	（1） Cost_Sale	（2） Cost_Sale	（3） Cost_Sale	（4） Cost_Sale
Net_Pay_Asset	0.1557***		0.2015***	
	（7.8959）		（9.4413）	
Acc_Note_Asset		0.2607***		0.3362***
		（11.3989）		（13.0552）
LnAsset	−0.0096***	−0.0107***	−0.0066***	−0.0066***
	（−3.4395）	（−3.8568）	（−2.8879）	（−2.8711）
Leverage	0.0927***	0.0629***	0.1126***	0.0626***
	（5.7817）	（3.7870）	（5.7803）	（3.0886）
LnAge	0.0419***	0.0429***	0.0182***	0.0212***
	（4.2599）	（4.3787）	（3.6575）	（4.2638）
Sale_Asset	0.0738***	0.0661***	0.1065***	0.0961***
	（11.9241）	（10.6228）	（20.7015）	（18.6287）
Sale_Growth	−0.0148***	−0.0144***	−0.0208***	−0.0205***
	（−6.9692）	（−6.8176）	（−7.0793）	（−7.0148）
Debt_Asset	0.0516***	0.0765***	0.1018***	0.1426***
	（3.0661）	（4.4063）	（5.2499）	（7.0479）
ROA	−0.1859**	−0.1832**	−0.2789***	−0.2723***
	（−2.5127）	（−2.4945）	（−2.6294）	（−2.5911）
企业固定效应	是	是	否	否
行业—年度固定效应	是	是	是	是
观测数	31,718	31,718	32,004	32,004
调整 R^2	0.739	0.741	0.470	0.477

注释：括号内为经过修正的 t 值（在企业层面集聚方差）***、**、* 分别表示在 1%、5% 和 10% 水平显著。

5.3.2 主要结果 2：企业拖欠是公司治理问题的体现

依靠上述模型，本节分析，大企业拖欠款项对其本身不利，根源是企业无法做出准时付款的有效承诺。这反映了大企业的公司治理问题。公司治理比较完善的企业，更可能克服利用"拖欠"行为来节省财务费用的"短视"行为，更多地站在供应商和供应链整体的角度考虑问题，避免额外的财务成本，避免对中间产品质量重视不足的问题，从而改善自己的利润。

传统的公司治理文献侧重大股东利益输送（Johnson 等，2000；李增泉、孙铮和王志伟，2004）、高管努力程度不够或者追求私人利益（Edmans 等，2012）等，该种公司治理问题为"逆向"治理问题，因为此时是公司管理层或者大股东"假公济私"，谋取私利而损害了股东或者其他利益相关者的利益，降低了企业绩效。而本书中讨论的公司治理问题是公司内部各部门利益不一致导致的整体无效率问题，笔者称之为"乱向"治理问题。管理层一方面不应该从事利益输送等违规行为，另一方面应该保证各部门"同向用力"，实现整体利益最大化。

本节探究公司治理影响企业业绩的另一个渠道——公司治理差的企业，付款周期更长，拖欠款项问题更严重，从而导致中间产品质量低、采购成本高、资金管理效率低下，从而论证强势企业拖欠款项本质上是强势企业自身的公司治理问题。

结合公司治理相关文献，本节使用以下变量来衡量公司治理水平。

第一，独立董事占比（Ind_Director，定义为董事会中的独立董事占比）。为了"进一步完善上市公司治理结构，促进上市公司规范运作"，证监会于 2001 年 8 月发布《关于在上市公司建立独立董事制度的指导意见》，全面地对独立董事任职资格、提名选拔、职权范围、薪酬设置等问题做出了规定，要求境内各上市公修改公司章程，聘任适当人员担任独立董事，其中至少包括一名会计专业人士；在 2002 年 6 月 30 日以前，董事会成员中应当至少包括两名独立董事；在 2003 年 6 月 30 日前，上市公司董事会成员中应至少包括 1/3 的独立董事——这标志着中国正式引进了独立董事制度。[①] 本节用 2004 年至 2017 年中国上市企业数据来检验独立董事如何影响商业信用（主要关注跟"拖欠"有关的应付款）。有大量文献讨论独立董事的作用，主要集中在监督管理层和提供咨询服务两方面（Byrd 和 Hickman，1992；Coles、Daniel 和 Naveen，2012；叶康涛、陆正飞和张志华，2007；刘浩、唐松和楼俊，2012 等）。本节顺承该支文献，但从另一个角度说明独立董事的作用：一方面，独立董事作为利益不直接相关的外部力量，可以更好地起到监督和协调的作用，有助于缓解财务部门和采购部门之间的摩擦，探索更加优化的采购付款模式（Purchase-to-Pay）；另一方面，独立董事从设立初衷而言应该代表广大"利益相关者"（stakeholders）的利益，而供应商是一类重要的利益相关者，独立董事出于保护供应商的考虑，可能会主张"准时付款"。实际上，英国小型企业联盟（FSB）认为上市公司的独立董事应该对企业的付款模式承担责任。

Xia 等（2018）的研究文献与本书的观点比较吻合。这一研究利用中国上市数据发现，企业应付款与独立董事的"关系网"丰富程度正相关，从而认为独立董事可以通过自身关系网帮助企业获取更多的商业信用融资。这个角度自然有其合理性，但从另一个角度来看，作者衡量独立董事"关系网"的指标之一是独立董事是否同时在多个企业任职，即文献中常用的独立董事"繁忙程度"指标。有文献认为独立董事"繁忙程度"并不影响企业绩效（如 Ferris、Jagannathan 和 Pritchard，2003），但近来颇多文献指出，独立董事"繁忙程度"阻碍其正常发挥作用（如

---

① 参见 http://www.csrc.gov.cn/pub/shenzhen/ztzl/ssgsjgxx/jgfg/sszl/201506/t20150612_2789 84.htm

Hauser, 2018;Masulis 和 Zhang,2018)。在这个意义上,Xia 等(2018)发现独董"繁忙程度"与应付款正相关,除了从独董"关系网"角度增强商业信用融资能力角度考虑,还可能从以下角度考虑:独立董事如果能充分发挥作用,可以减少企业拖欠,降低应付款规模,但是其"繁忙程度"阻碍独董正常发挥作用。实际上,Xia 等(2018)的研究文献回归表中,独董本身(独董在董事会中所占比例)对应付款规模的影响显著为负(控制行业和年度固定效应)。

第二,本节也考虑管理层持股比例(Stock_Manager,定义为董事会、监事会、高管持股比例之和)的影响。公司内部采购部门和财务部门的摩擦会降低公司整体绩效,高管需要付出努力才能消除或者减弱该种摩擦,会引入额外成本。但是,正如之前论述的,企业内部摩擦造成的"无效率"状态往往不直观,容易被忽视。如果没有足够激励,高管宁愿"享受平静生活"。传统意义上的公司内部治理主要是防范内部人从事利益输送等直接毁损企业价值的行为,而对于管理层"享受平静生活"的问题关注不够。Bertrand 和 Mullainathan(2003)证明管理层存在"享受平静生活"的倾向:他们发现,反收购法律放松了企业的外部治理机制,增加了管理层的安全感,从而增加了"享受平静生活"的公司治理问题,用工成本上升、旧工厂关停不力、新工厂建设不足等问题,导致企业绩效下降,股东利益受损。高管持股可以改善这一状况,因为高管持股增强了高管付出努力、协调公司内部各部门利益关系的激励。

传统文献中讨论了高管持股可能具有"利益趋同效应"(interests alignment)和"壕沟防守效应"(entrenchment)两种相反的作用,例如Morck, Shleifer 和 Vishny(1988)发现企业价值与高管持股之间存在某种"先升后降"的非线性关系,其可能的解释是,当高管持股较低时,高管持股越多,高管利益与公司整体利益之间一致度越高,代理问题越轻；但是当高管持股很高时，外部治理机制失效（例如无法通过股东"不信任"投票强制高管离职等），反而为高管从事利益输送打开方便之门。但本书着眼点不同。公司各部门之间的摩擦与高管的利益输送行为无关，所以"壕沟防守效应"此处不适用，主要是"利益趋同效应"发挥作用。高管持股越高，其越有激励改善公司各部门（采购部门和财务部门）摩擦的问题，应该是"单调"正相关关系。

第三，借鉴相关文献（如，张会丽和吴有红，2014；王海兵和韩彬，2016；李兰云、王宗浩和阚立娜，2019），本节用迪博内部控制与风险管理数据库上市企业"内部控制指数"（Int_Control）来衡量内部控制有效性（样本区间 2006—2017 年）。该数据基于源于全体上市公司每年披露的年报、内部控制评价报告、审计报告、公告等公开信息，较为科学、真实地衡量企业内部控制规范实施的效率和效果，能较好反映我国上市公司的内部控制水平。[1]

需要指出的是，独立董事占比、管理层持股、迪博内部控制指数等变量在企业层面上的时间序列变化均不大。参考 Zhou（2001）的研究文献，本节仅控制行业—年度固定效应，并在企业层面做方差集聚。描述性统计如表 5.3 所示。回归结果如表 5.4 和表 5.5 所示。结果显示，独董占比、管理层持股与内部控制指数均与应付款规模呈负相关，而与商业信用净输出呈正相关。这说明，公司治理水平高的公司，应付款更少，净输出商业信用更多。

可见，公司治理水平高的公司更少"拖欠"，这从反面证明，企业"拖欠"问题本质上是一个公司治理问题：表面上看企业"拖欠"可以节省财务费用，体现了企业在供应链上的地位，但实际上"拖欠"会导致供应链整体无效率，下游企业本身利益受损，所以治理好的企业会避免"拖欠"。实证结果与本章理论预测一致。

---

[1]http://www.ic-erm.com/index.html

表 5.3 公司治理影响商业信用回归分析的变量描述性统计

变量	观测数	平均值	标准差	最小值	中位数	最大值
Ind_Director	26051	0.3673	0.0525	0.0000	0.3333	0.5556
Stock_Manager	29411	0.0813	0.1693	0.0000	0.0002	0.6823
Int_Control	22630	6.5005	0.1266	5.9633	6.5193	6.8212
Net_Pay_Asset	29411	0.0860	0.0970	−0.1340	0.0655	0.4072
Net_Asset	29411	0.0186	0.1417	−0.4023	0.0205	0.4193
LnAsset	29411	21.766	1.2443	18.905	21.618	25.528
LnAge	29411	2.6098	0.4537	0.6931	2.6856	3.3816
Fixed_Asset	29411	0.2521	0.1770	0.0014	0.2192	0.7459
Sale_Asset	29411	0.6683	0.4838	0.0429	0.5486	2.7313
Sale_Growth	29411	0.2289	0.5680	−0.6781	0.1299	4.0284
Profit_Sale	29411	0.0731	0.2077	−1.3629	0.0682	0.7956
Cash_Asset	29411	0.1741	0.1281	0.0062	0.1396	0.6812
Debt_Asset	29411	0.1860	0.1502	0.0000	0.1713	0.6348

表 5.4 公司治理影响应付款规模的回归分析结果

被解释变量	（1）	（2）	（3）
Net_Pay_Asset	X=Ind_Director	X=Stock_Manager	X=Int_Control
X	−0.0504***	−0.0160**	−0.0365***
	（−2.6472）	（−2.3215）	（−4.5774）
LnAsset	0.0126***	0.0120***	0.0146***
	（9.9062）	（9.2764）	（10.9387）
LnAge	−0.0026	−0.0039	−0.0029
	（−0.6863）	（−1.1331）	（−0.7435）
Fixed_Asset	0.0078	0.0079	0.0060
	（0.9017）	（0.9812）	（0.6513）
Sale_Asset	0.0696***	0.0690***	0.0695***
	（16.4024）	（17.2795）	（15.4167）

续表

被解释变量	（1）	（2）	（3）
Net_Pay_Asset	X=Ind_Director	X=Stock_Manager	X=Int_Control
Sale_Growth	−0.0039***	−0.0017	−0.0033**
	（−2.9535）	（−1.4424）	（−2.4892）
Profit_Sale	−0.0646***	−0.0609***	−0.0708***
	（−13.3374）	（−14.7271）	（−12.4932）
Cash_Asset	−0.0471***	−0.0455***	−0.0482***
	（−5.2077）	（−5.4643）	（−5.1676）
Debt_Asset	−0.0640***	−0.0645***	−0.0759***
	（−6.8000）	（−7.6216）	（−7.7449）
行业—年度固定效应	是	是	是
样本区间	2004—2017	1999—2017	2006—2017
观测数	26,051	29,411	22,630
调整 R2	0.349	0.348	0.358

注释：括号内为经过修正的 t 值（在企业层面集聚方差）***、**、* 分别表示在 1%、5% 和 10% 水平显著。

表 5.5　公司治理影响商业信用净输出的回归结果分析

被解释变量	（1）	（2）	（3）
Net_Asset	X=Ind_Director	X=Stock_Manager	X=Int_Control
X	0.0492*	0.0732***	0.0446***
	（1.7163）	（7.1103）	（4.1573）
LnAsset	−0.0343***	−0.0321***	−0.0363***
	（−18.7312）	（−17.9757）	（−18.9159）
LnAge	−0.0345***	−0.0190***	−0.0366***
	（−6.1647）	（−3.8482）	（−6.2757）
Fixed_Asset	−0.1439***	−0.1540***	−0.1353***
	（−10.9271）	（−12.4967）	（−9.5378）

续表

被解释变量	（1）	（2）	（3）
Net_Asset	X=Ind_Director	X=Stock_Manager	X=Int_Control
Sale_Asset	−0.0217***	−0.0275***	−0.0170***
	（−4.4145）	（−5.7515）	（−3.2555）
Sale_Growth	0.0003	−0.0045***	0.0010
	（0.1560）	（−2.7513）	（0.5270）
Profit_Sale	0.0603***	0.0474***	0.0728***
	（8.5635）	（7.5756）	（8.8353）
Cash_Asset	−0.1492***	−0.1704***	−0.1417***
	（−10.3807）	（−12.6454）	（−9.4370）
Debt_Asset	0.1546***	0.1521***	0.1648***
	（11.2038）	（12.0209）	（11.4219）
行业—年度固定效应	是	是	是
样本区间	2004–2017	1999–2017	2006–2017
观测数	26,051	29,411	22,630
调整 R2	0.293	0.330	0.305

注释：括号内为经过修正的 t 值（在企业层面集聚方差）***、**、* 分别表示在 1%、5% 和 10% 水平显著。

5.3.3 主要结果 3：融资融券制度推行后，企业应付款规模下降

2010 年融资融券制度的引入是中国股票市场改革浓墨重彩的一笔，具有破冰的意义。融资融券业务是信用交易，融资是指向客户借出资金供其买入股票，融券是指向客户借出股票供其卖出（相当于卖空机制）。融资融券可以增加投资的杠杆，一般不需要进行全额担保，可以减少投资者的资金成本。2010 年 3 月开始试点时，融资融券标的股仅有 90 支，随后进行了多次调整，至 2019 年 1 月公布的最新名单中，沪深股市具

有融资融券资格的股票共 950 支。①

卖空机制的引入可以加速负面信息在投资者和各种利益相关者之间的扩散，强化了资本市场对上市公司的约束，是一种外部治理机制。近年来一些国内外的研究结果表明，卖空机制可以约束财务造假（Karpoff 和 Lou，2010），减少企业的盈余管理（Fang 等，2016；陈晖丽和刘峰，2014），激励控股股东改善内部治理水平（Massa 等，2013），降低风险承担水平（倪骁然和朱玉杰，2017），提升投资效率（靳庆鲁等，2015）等。

本节试图论证，融资融券机制相当于一种外部治理机制，而企业拖欠问题是一个公司治理问题，融资融券机制引入后企业会减少拖欠、及时付款，表现为应付款规模下降、账龄缩短。

与本节研究内容和设计比较相近的观念是李薇、程曦和成群蕊（2018）等人的研究文献。该文利用 2007 年至 2016 年中国 A 股上市公司数据，以融资融券的逐步扩容为自然实验，发现放松卖空管制能够通过事前威慑效应和事后惩罚效应使可卖空标的企业的商业信用融资减少。他们认为，对于商业信用债权人（上游供应商）而言，卖空机制引入增大了负面消息暴露的可能性，增大了企业的经营风险和财务风险，加重了企业和供应商之间的信息不对称，恶化了相互信任：一方面，放松卖空管制后，潜在的卖空威胁会增大供应商所面临的风险，促使其做出事前反应，通过减少商业信用的供应以规避违约风险；另一方面，如果公司股票被卖空，严重的信任危机使得供应商认为公司违约概率较大，从而影响其提供商业信用的意愿和决策。

本书的着眼点与李薇、程曦和成群蕊（2018）不同。首先，之前文献已经证明融资融券制度的引入降低了信息不对称，提高了定价效率。例如，李志生、陈晨和林秉旋（2015）实证发现中国融资融券制度的引

① 参见 http://www.sse.com.cn/services/tradingservice/margin/rules/c/c_20190124_4714511.shtml 和 http://www.szse.cn/disclosure/notice/general/t20190111_564039.html。

入通过提高股票流动性、降低信息不对称程度和增加持股宽度，从而提高定价效率。李志生、杜爽和林秉旋（2015）实证发现融资融券制度的引入有效提高了我国股票价格的稳定性，降低了股价波动率和振幅，降低了股价“跳跃风险”，抑制了股价异质性波动，从而有助于防止股价暴涨暴跌和过度投机，增加上市公司信息透明度和市场信息效率。李志生等（2017）进一步指出，融资融券交易通过影响管理层和分析师的信息行为影响公司的信息环境，同时具有内部信息治理和外部信息治理的作用。第二，也有大量文献发现融资融券制度可以改善公司治理，例如陈晖丽和刘峰（2014）发现在市场化程度较高的地区，融资融券抑制了公司盈余管理，认为这体现了融资融券的治理效应；陆瑶、彭章和冯佳琪（2018）发现当企业的股票成为融资融券标的后，高管离职与高管薪酬对于公司绩效的敏感度有所提升，认为融资融券机制通过促进公司信息释放而提升公司治理水平。既然融资融券制度提升了定价效率，改善公司治理，供应商反而“不敢”提供商业信用，往往需要其他预设，例如融资融券制度增加了公司违约和“赖账”的风险，或者供应商在融资融券制度推行之前对于客户风险缺少理性预期等。实际上，从供应商和客户之间信息不对称的角度出发，商业信用的风险在于客户在陷入财务困境时违约拖欠款项，如果负面信息不能及时渗透，则供应商只有在客户“真正”陷入财务困境时才能补救；而如果负面信息能够及时渗透，供应商可以通过股价变化来推知客户的经营状况，从而调整其账期和未来的供货机制，以避免损失；同时卖空机制抑制了管理层的盈余管理等行为，提升了会计信息质量和公司治理水平，也有利于抑制客户“赖账”的行为。从这个角度，融资融券制度的引入对供应商有利，供应商应该更愿意提供商业信用。

实际上，李栋栋和陈涛琴（2017）发现融资融券制度引入后企业的银行贷款与总资产之比上升，且利率（利息支出与总负债之比）下降，认为融资融券制度通过改善信息质量可以缓解融资约束。褚剑、方军雄和于传荣（2017）发现卖空约束放松之后银行倾向于向标的公司发放更大额度的贷款，同时其贷款期限更长，且贷款担保要求更为宽松。当然，也有文献发现融资融券制度对于负债的"负面影响"，例如顾乃康和周艳利（2017）发现融资融券制度引入后新增债务融资（定义为发行债券收到的现金、取得借款收到的现金之和，减去偿还债务支付的现金，与期初总资产之比）减少，认为这反映了卖空的事前威慑效应提高了债务成本。但是，新增债务融资减少，毕竟不是债务总量减少，实际上融资融券制度引入后信贷总量还在增加。所以，认为融资融券制度引入恶化了标的企业的融资约束一说可能并不充分。

本书从另一个角度分析。融资融券机制引入后，企业应付款规模降低，除了李薇、程曦和成群蕊（2018）所讨论的"供应商出于避险考虑减少商业信用提供"这一故事，还有"下游企业因为外部治理机制的强化、主动减少拖欠"的故事。另外，不同于李薇、程曦和成群蕊（2018）只控制了行业固定效应和年度固定效应，我们控制企业固定效应和年度固定效应，消除企业不可观测的特质性因素对结果的影响。我们也测试仅控制行业—年度固定效应的情况。

融资融券制度于 2010 年开始引入，本节取 2001 年至 2017 年样本回归。构建如下两个变量作为自变量：Margin_Stock，哑变量，融资融资标的股标志，截至 2017 年 12 月末曾被列入融资融券标的股的企业取 1，其他企业取 0；Margin，对于非融资融券标的股（Margin_Stock = 0）其所有观测该变量取 0，对于融资融券标的股（Margin_Stock = 1）其拥有融资融券标的股身份的时间段取值为 1，其他时间段取值为 0。因变量为应付款占资产比例（Net_Pay_Asset，定义为"应付账款 + 应付票据 − 预付款项" / 总资产）或者商业信用净输出占资产比例（Net_Asset，定义为"应收账款 + 应收票据 + 预付款项 − 应付账款 − 应付票据 − 预收款项" / 总资产）。当控制企业固定效应时，本节只把 Margin 代入回归（Margin_Stock 被企业固定效应"吸收"掉了），则相当于做 DiD 回归,Margin 对应系数反映了融资融券制度引入对应付款或者商业信用净输出的影响;当仅控制行业一年度固定效应时,本节把 Margin_Stock 和 Margin 同时加入回归。其他控制变量与之前回归相同。

回归结果如表 5.6 所示。可见,与预期一致,融资融券制度的引入导致应付款规模下降、商业信用净输出增加。这意味着,融资融券可能作为一种外部治理机制,遏制了企业的"拖欠"行为,从而从反面证明了企业"拖欠"本身是一个公司治理问题,呼应了本章 5.3.2 节的主要结论。

表 5.6 融资融券制度引入影响应付款规模的回归分析结果

VARIABLES	(1) Net_Pay_Asset	(2) Net_Asset	(3) Net_Pay_Asset	(4) Net_Asset
Margin	−0.0040*	0.0097***	−0.0074***	0.0085**
	(−1.6417)	(2.7072)	(−2.6359)	(2.1569)
Margin_Stock			−0.0061*	0.0043
			(−1.8838)	(0.9391)
LnAsset	0.0128***	−0.0215***	0.0150***	−0.0362***
	(6.8832)	(−7.0967)	(10.5067)	(−18.1047)
LnAge	0.0104	0.0145	−0.0029	−0.0298***
	(1.2679)	(1.0838)	(−0.8475)	(−5.8181)
Fixed_Asset	0.0228***	−0.1139***	0.0061	−0.1499***
	(2.8153)	(−9.0072)	(0.7420)	(−11.8489)
Sale_Asset	0.0521***	−0.0111**	0.0690***	−0.0253***
	(12.3132)	(−2.0570)	(16.8224)	(−5.2298)
Sale_Growth	−0.0009	−0.0074***	−0.0026**	−0.0019
	(−0.8380)	(−4.6667)	(−2.1081)	(−1.1101)
Profit_Sale	−0.0358***	0.0325***	−0.0644***	0.0586***
	(−10.5320)	(5.1958)	(−14.4711)	(8.7406)

续表

VARIABLES	（1）	（2）	（3）	（4）
	Net_Pay_Asset	Net_Asset	Net_Pay_Asset	Net_Asset
Cash_Asset	−0.0244***	−0.1179***	−0.0467***	−0.1579***
	（−3.6279）	（−10.6033）	（−5.4529）	（−11.4955）
Debt_Asset	−0.0685***	0.1422***	−0.0710***	0.1572***
	（−8.5235）	（11.2507）	（−8.1003）	（12.0447）
企业固定效应	是	是	否	否
行业—年度固定效应	是	是	是	是
观测数	28,392	28,392	28,775	28,775
调整 R^2	0.694	0.657	0.352	0.302

注释：括号内为经过修正的 t 值（在企业层面集聚方差）***、**、* 分别表示在 1%、5% 和 10% 水平显著。

为了进一步与李薇、程曦和成群蕊（2018）的故事作区分，本节检验融资融券对应付款的影响是否受到股价上涨或者下跌的影响。如果应付款规模的下降是因为供应商出于避险考虑减少了对企业的商业信用供给，则该效应应该对于股价发生下跌的企业样本更明显——这些企业可能暴露了更多负面信息，陷入财务困境的概率增大。如果应付款规模的下降更多是因为企业本身在外部治理机制强化的情况下主动减少拖欠、缩减应付款规模，则该效应与股价涨跌的关系不大。本节用 Tobin's Q（定义为股票总市值与负债合计账面值之和，与总资产之比）的变化来表征企业是处于股价上升区间还是下降区间，构造一个表征股价涨跌的指标 Up，当 Tobin's Q 上升时取值为 1，下降时取值为 0。回归结果如表 5.7 所示。考察交乘项 Margin × Up 的系数，第（1）列回归中系数显著为负，意味着当 Tobin's Q 上升时，融资融券制度引入对应付款的"抑制"作用更强；第（2）列中系数为正，在边际上显著（t 值 =1.555，p 值 =0.120），意味着当 Tobin's Q 上升时，融资融券制度引入对商业信用净输出的"促进"作用更强；第（3）（4）列回归中系数不显著，但是从符号来看，与第（1）（2）列结果一致。可见，至少从股价涨跌的影响来看，应付款规模的下降并非是供应商出于避险的考虑减少了商业信用供给，企业主动减少拖欠、缩小应付款规模的可能性更大。

表 5.7　融资融券制度引入影响应付款规模的回归分析结果（进一步检验）

VARIABLES	（1）Net_Pay_Asset	（2）Net_Asset	（3）Net_Pay_Asset	（4）Net_Asset
Margin	−0.0020	0.0080**	−0.0068**	0.0083**
	（−0.7904）	（2.1538）	（−2.2657）	（1.9832）
Up	0.0020*	−0.0037**	0.0019	−0.0042*
	（1.8754）	（−2.3120）	（1.3306）	（−1.9551）
Margin × Up	−0.0046***	0.0038	−0.0013	0.0003
	（−2.9210）	（1.5550）	（−0.5152）	（0.0863）
Margin_Stock			−0.0062*	0.0045
			（−1.9030）	（0.9763）
LnAsset	0.0128***	−0.0216***	0.0150***	−0.0362***
	（6.9024）	（−7.1276）	（10.5115）	（−18.1159）
LnAge	0.0104	0.0147	−0.0030	−0.0298***
	（1.2594）	（1.0973）	（−0.8535）	（−5.8065）
Fixed_Asset	0.0226***	−0.1136***	0.0060	−0.1496***
	（2.7934）	（−8.9713）	（0.7260）	（−11.8096）
Sale_Asset	0.0521***	−0.0111**	0.0690***	−0.0253***
	（12.3040）	（−2.0470）	（16.8112）	（−5.2175）
Sale_Growth	−0.0008	−0.0074***	−0.0025**	−0.0020
	（−0.7796）	（−4.7268）	（−2.0644）	（−1.1853）
Profit_Sale	−0.0357***	0.0324***	−0.0643***	0.0586***
	（−10.5148）	（5.1855）	（−14.4707）	（8.7412）

续表

VARIABLES	（1） Net_Pay_ Asset	（2） Net_Asset	（3） Net_Pay_ Asset	（4） Net_Asset
Cash_Asset	−0.0242***	−0.1181***	−0.0466***	−0.1581***
	（−3.6087）	（−10.6276）	（−5.4421）	（−11.5162）
Debt_Asset	−0.0685***	0.1422***	−0.0709***	0.1571***
	（−8.5234）	（11.2517）	（−8.0905）	（12.0333）
企业固定效应	是	是	否	否
行业—年度固定效应	是	是	是	是
观测数	28,392	28,392	28,775	28,775
调整 R^2	0.694	0.657	0.352	0.302

注释：括号内为经过修正的 t 值（在企业层面集聚方差）***、**、* 分别表示在1%、5%和10%水平显著。

5.3.4 主要结果4：企业减少拖欠有助于提升其自身价值

2018年11月1日，习近平总书记在京主持召开民营企业座谈会并发表重要讲话。针对民营企业家、时代集团王小兰女士提出的"大企业拖欠中小企业货款"问题，习近平总书记特别指出，要"纠正一些政府部门、大企业利用优势地位以大欺小、拖欠民营企业款项的行为"。

其实大企业拖欠中小企业货款问题久已有之，之前政府各部门对此也有所关注。但是，习近平总书记在民营企业家座谈会上针对"大企业拖欠中小企业货款"问题做出重要指示之后，相关部门高度重视，相关行动力度明显增强。国家层面，李克强总理在2018年11月、12月以及2019年1月的国务院常务会议中屡次强调要开展专项清欠行动，坚决打击大型企业、国有企业的拖欠行为；2月份中共中央办公厅、国务院办公厅印发《关于加强金融服务民营企业的若干意见》，进一步要求"加快清理拖欠民营企业账款"；2019年2月25日，国务院政策例行吹风会上, 工业和信息化部副部长辛国斌和财政部、国资委有关负责人介绍清理拖欠民营企业、中小企业账款阶段性工作进展有关情况, 强调 "清欠工作任务重、责任大、使命光荣, 对于支持民营经济发展具有十分重要的意义"。[①]另一方面, 各部委以及各地政府纷纷出台新规, 广泛开展清欠工作。部委层面, 联席会议办公室加强统筹协调和督促指导, 财政部、国资委组织中央部门、监管企业开展清欠, 原人力资源社会保障部牵头开展农民工工资支付情况专项执法行动, 审计署加大审计监督力度, 发展改革委清理政务失信案件, 推动拖欠问题的解决形成了工作合力。地区层面, 各地强化主体责任, 全面开展排查, 建立账款台账和清偿计划, 扎实推进清欠工作。总之, 11 月 1 日民营企业座谈会之后, 政府对 "大企业拖欠中小企业货款" 问题的处置力度明显加大。

按照本章主要逻辑, 如果大企业拖欠款项的行为体现了大企业本身的公司治理问题, 对大企业本身的业绩和价值有负面影响, 则政府的 "清欠" 工作实际上起到了 "外部治理" 机制的作用, 有助于强化公司治理、改善公司绩效。这意味着, 之前拖欠严重的企业在政府开展 "清欠" 工作时, 企业价值反而会上升。

本节采用标准的事件研究法, 以 11 月 1 日 (周四) 为 "事件日" (Event Day), 以事件日前后各 10 个交易日为 "事件窗口" (Event Window), 以事件日之前 11 至 20 个交易日为 "估计期" (Estimation Window), 采用 CAPM 模型估算各股票在事件窗口中的 "超常收益率" (Abnormal Abnormal Returns)。[②]其中, 市场收益率使用流通市值加权的综合 A 股收益率 (包含现金分红, 日度数据), 无风险利率采用一年期银行存款利率 (按照复利日度化)。

---

① 参见 http://www.gov.cn/xinwen/2019–02/25/content_5368330.htm

②CAPM 模型可以测算出股票的 "超常收益率" (Abnormal Returns, 即 CAPM 模型中的), 事件研究中则进一步测算事件窗口期内 "超常收益率" 超过其正常水平的部分, 定义为 "超常超常收益率" (Abnormal Abnormal Returns)。为了方便起见, 在不引起误解的情况下, 本节仍称之为 "超常收益率"。

本节以事件日前后各 10 天的累积超常收益率（Ab_Return）作为被解释变量，以企业应付账款中账龄超过 1 年的比例（Long_Pay）作为解释变量，并控制企业应付账款总规模，企业总市值（取对数，LnMktCap）、企业账面市值比（取对数，LnBookMktRatio）以及复利计算的企业前 12 个月的累积收益率（Return），以及其他控制变量，并控制行业固定效应，采用 OLS 回归。描述性统计如表 5.8 所示，回归结果如表 5.9 所示。可见，之前"拖欠"问题比较严重的上市企业反而获得了正向的价值冲击。该结果是"意料之外，情理之中"：虽然这些拖欠款项的企业是政策"打击对象"，但是因为其拖欠行为本身是一个公司治理问题，外部的限制措施（政府推动的"清欠"）发挥了外部治理作用，投资者预期这些企业未来在减少拖欠的同时可以改善利润，这与本章理论预测一致。

表 5.8 "民营企业座谈会"事件研究相关变量的描述性统计

变量	观测数	平均值	标准差	最小值	中位数	最大值
Ab_Return	1159	0.1027	0.1203	−0.3430	0.0998	0.9582
Long_Pay	1159	0.1108	0.1625	0.0000	0.0435	1.0000
Net_Pay_Asset	1159	0.1039	0.0954	−0.1340	0.0832	0.4072
LnAsset	1159	22.162	1.2334	18.905	22.109	25.528
LnAge	1159	2.9143	0.3020	1.6094	2.9444	3.3816
Fixed_Asset	1159	0.1946	0.1528	0.0014	0.1596	0.7459
Sale_Asset	1036	0.6119	0.4133	0.0429	0.5090	2.7313
Sale_Growth	1036	0.2803	0.5300	−0.6781	0.1840	4.0284
Profit_Sale	1159	0.1066	0.1717	−1.3629	0.0936	0.7956
Cash_Asset	1159	0.1724	0.1200	0.0069	0.1393	0.6812
Debt_Asset	1159	0.1428	0.1345	0.0000	0.1184	0.6270
LnMarketCap	1156	22.711	0.8394	21.414	22.567	25.533
LnBookMktRatio	1156	−0.8305	0.5417	−2.3518	−0.7760	0.0943
Return	1007	−0.1435	0.3020	−0.5773	−0.2082	1.0985

表 5.9 "民营企业座谈会"事件研究：政府"清欠"对企业价值的冲击

	（1）	（2）	（3）	（4）
	Ab_Return	Ab_Return	Ab_Return	Ab_Return
Long_Pay	0.0797**	0.0652**	0.0626**	0.0482*
	（2.3840）	（2.1952）	（2.1090）	（1.6748）
Net_Pay_Asset			−0.0488	0.0131
			（−1.0635）	（0.2688）
LnAsset				−0.0333*
				（−1.6769）
LnAge				0.0143
				（1.0864）
Fixed_Asset				−0.1042***
				（−3.4516）
Sale_Asset				−0.0285**
				（−2.3643）
Sale_Growth				0.0046
				（0.6733）
Profit_Sale				−0.0175
				（−0.6848）
Cash_Asset				−0.1018***
				（−2.6015）
Debt_Asset				0.0983**
				（2.5785）
LnMktCap		−0.0202***	−0.0202***	0.0117
		（−2.9928）	（−2.9924）	（0.6018）
LnBookMktRatio		−0.0131	−0.0116	0.0194
		（−1.4451）	（−1.2672）	（0.6660）
Return		−0.0351*	−0.0345*	−0.0248
		（−1.8694）	（−1.8436）	（−1.2404）
行业固定效应	是	是	是	是

续表

	（1）	（2）	（3）	（4）
	Ab_Return	Ab_Return	Ab_Return	Ab_Return
观测数	1,159	1,006	1,006	1,006
调整 R^2	0.104	0.162	0.162	0.184

注释：括号内为经过修正的 t 值（在企业层面集聚方差）***、**、* 分别表示在 1%、5% 和 10% 水平显著。

5.3.5 主要结果 5：企业拖欠是不履行"企业社会责任"的表现

以上部分主要说明企业拖欠行为是企业本身公司治理问题的体现，"损人不利己"。本节从另一个角度，论证企业拖欠行为也是不履行"企业社会责任"的体现。

对企业社会责任的研究方兴未艾。传统意义上的企业社会责任主要从环保、消费者保护等公益事业的角度分析，如李正（2006）认定企业社会责任主要分为环境问题类（污染控制、环境恢复、节约能源或废旧原料回收、有利于环保的产品、其他环境披露）、员工问题类（员工的健康和安全、培训员工、员工的业绩考核、员工其他福利）、社区问题类（考虑企业所在社区的利益）、一般社会问题类（考虑弱势群体的利益、关注犯罪失业公共安全等、公益或其他捐赠）、消费者类（产品的安全与质量提高）、其他利益相关者类（债权人、银行等）等。和讯网对于上市公司社会责任报告专业评测体系中包括"股东责任""员工责任""供应商、客户和消费者权益责任""环境责任"和"社会责任"五项，其中涉及供应商的主要是"供应商公平竞争"和"反商业贿赂培训"。[①] 企业拖欠供应商款项这一问题却很少出现在"企业社会责任"讨论中。

---

① 参见 http://stock.hexun.com/2013-09-10/157898839.html

　　从现有文献看来，涉及企业社会责任和商业信用之间关系的研究多是从"融资"角度分析。例如，Zhang 等（2014）利用中国上市公司 2003 年至 2010 年的慈善捐赠数据来衡量企业社会责任表现，发现企业社会责任表现可以增加企业的商业信用融资（应付账款）。该文认为，以捐赠为代表的企业社会责任行为提升了企业形象，增强了供应商对企业的信任程度，所以供应商更愿意提供商业信用。但是，因为披露慈善捐赠的企业较少，该文回归样本仅有 4000 多个观测。张正勇和邓博夫（2018）利用中国上市公司 2004 年至 2013 年数据，以"是否入选国内外主流新闻媒体、非政府组织等公开授予的企业社会责任奖项"来衡量其社会责任表现，用"应付账款、应付票据和预收账款之和"（上年末总资产标准化）衡量商业信用融资，发现社会责任表现好的企业获得的商业信用融资多于社会责任表现差的企业。该文认为企业社会责任降低了供应商对企业的风险评判，减少了企业与供应商之间的信息不对称，满足了供应商的"社会责任偏好"，所以供应商更愿意提供商业信用。但是，按照该文的定义，在全样本 12872 个观测中，社会责任表现好的观测仅仅有 463 个，占比仅仅 3.6%。这可能导致社会责任表现好的与社会责任表现差的观测之间的可比性大打折扣。丁杰、黄金波和郑军（2017）利用 2008 年至 2014 年上市企业数据，匹配以润灵环球企业社会责任评级（RKS）数据，发现披露企业社会责任状况的企业商业信用融资更多，但企业社会责任披露质量对商业信用融资的影响在统计意义上并不显著。遗憾的是，该文样本中真正是企业"自愿"披露企业社会责任报告的观测数只有不到 1000 个（低于 10%），且该文将实证结果解释为企业的利益相关者（供应商）只关注企业是否有发布报告，而不太关注报告的质量——显然这种解释尚不充分。

　　本节从另一个角度来讨论企业社会责任和商业信用之间的关系。企业持有大量应付款、拖欠供应商款项是一种不履行企业社会责任的行为。本节假设更加重视企业社会责任的企业会减少拖欠、缩减应付款规模。

在这个意义上，本节与从"商业伦理"的角度来考察商业信用的文献一脉相承。Cowton 和 San-Jose（2017）从商业伦理的视角分析了商业信用，试图把商业信用分解为"经营性"的商业信用和"融资性"的商业信用，认为供应商作为企业一类重要的"利益相关者"（stakeholders），如果被客户要求提供正常的"经营性"商业信用的同时还要提供"融资性"商业信用，则意味着客户违背了商业伦理。在欠缺相关制度性约束的条件下，企业及时偿付应付账款，是一种履行社会责任的表现。主动承担更多企业社会责任的公司应该付款更快，减少拖欠，从而具有更低的应付款水平。实际上，国外政策界已经开始讨论将"准时付款"纳入企业社会责任的评价框架。例如，荷兰推出在企业社会责任体系中鼓励大型企业发布"付款模式报告"的措施，说明自己在公正对待供应商、准时付款方面的努力，获得了越来越多大企业的支持。基于此，EU（2018）指出，把"准时付款"纳入企业社会责任评价体系，鼓励企业（尤其是大企业）改善自己的付款模式，避免延迟付款，有助于营造更负责任的企业间付款"风气"，这可能是对传统的法制手段的有效补充。

参考企业社会责任相关实证研究（如李晋丰，2018；唐鹏程和杨树旺，2016；贾兴平和刘益，2014），本节使用和讯网上市公司企业社会责任报告评分来衡量企业社会责任表现。[①] 和讯网上市公司社会责任报告专业评测体系是国内首家上市公司社会责任专业评测产品，依据上市公司企业社会责任报告以及财务报表数据，从"股东责任""员工责任""供应商、客户和消费者权益责任""环境责任"和"社会责任"五项考察，各项分别设立二级指标和三级指标对社会责任进行全面的评价（其中涉及二级指标 13 个，三级指标 37 个），最终对每家上市公司每个

①http://stockdata.stock.hexun.com/zrbg/

年度的社会责任表现给出总得分，满分为 100 分。

本节利用从和讯网抓取的 2010 年至 2017 年企业社会责任报告评分数据（对应为 2009 年至 2016 年的企业社会责任表现），并取"总得分"一项（除以 100）来衡量企业社会责任表现（CSR），在 1% 和 99% 分位数上进行缩尾调整（小于零的分数赋值为零）。因为回归样本仅有 8 年数据，和讯网企业社会责任指标在同一个企业层面各年度之间变化不大，且本节回归中又更加注重企业之间的比较，故本节仅控制行业—年度固定效应，而不控制企业固定效应。描述性统计如表 5.10 所示，回归结果如表 5.11 所示。

表 5.10　企业社会责任影响应付款回归分析的变量描述性统计

变量	观测数	平均值	标准差	最小值	中位数	最大值
CSR	16834	26.423	17.982	0.0000	21.990	76.050
LnAsset	16834	22.001	1.2730	18.905	21.841	25.528
LnAge	16834	2.7494	0.3705	1.0116	2.8084	3.3816
Fixed_Asset	16834	0.2310	0.1717	0.0014	0.1961	0.7459
Sale_Asset	16834	0.6736	0.4797	0.0429	0.5580	2.7313
Sale_Growth	16834	0.2094	0.5684	−0.6781	0.1096	4.0284
Profit_Sale	16834	0.0782	0.1881	−1.3629	0.0678	0.7956
Cash_Asset	16834	0.1904	0.1387	0.0062	0.1516	0.6812
Debt_Asset	16834	0.1696	0.1511	0.0000	0.1441	0.6348

一方面，从第（1）列和第（3）列回归结果可以看出，更加重视企业社会责任的企业应付款规模更小，净输出商业信用更多，这与我们之前论述的"准时付款、减少拖欠是承担企业社会责任的行为"相一致。另一方面，从第（2）列和第（4）列回归结果来看，综合考察企业社会责任（CSR）以及企业社会责任与企业规模的交叉项（LnAsset × CSR），可知企业社会责任对商业信用的影响受到企业规模的影响：当 LnAsset

> 20.2 时，企业社会责任对应付款规模才有负向影响；当 LnAsset > 20.4 时，企业社会责任对商业信用净输出才有正向影响。从样本中企业规模分布来看，10% 分位数对应的企业规模为 LnAsset = 20.5。这意味着，对于样本中很小的企业，企业社会责任可能增加应付款；但是对于大中型企业，越重视企业社会责任的企业，应付款越少。实证结果支持本节之前的论述，即企业准时付款是一种履行企业社会责任的行为，而企业拖欠款项、持有大量应付款则是不履行企业社会责任的体现。

表 5.11　企业社会责任影响应付款的回归分析结果

VARIABLES	（1）Net_Pay_Asset	（2）Net_Pay_Asset	（3）Net_Asset	（4）Net_Asset
CSR	−0.0284***	0.2504***	0.0139**	−0.1471*
	（−6.9282）	（4.4142）	（2.4415）	（−1.7522）
LnAsset × CSR		−0.0124***		0.0072*
		（−4.9266）		（1.9290）
LnAsset	0.0153***	0.0189***	−0.0353***	−0.0374***
	（22.1759）	（17.8657）	（−35.3103）	（−24.4799）
LnAge	−0.0010	−0.0009	−0.0421***	−0.0422***
	（−0.5630）	（−0.4899）	（−15.0868）	（−15.1048）
Fixed_Asset	0.0043	0.0047	−0.1442***	−0.1444***
	（0.8920）	（0.9713）	（−19.4607）	（−19.4879）
Sale_Asset	0.0659***	0.0656***	−0.0094***	−0.0092***
	（30.4338）	（30.2867）	（−3.4380）	（−3.3700）
Sale_Growth	−0.0044***	−0.0045***	0.0034*	0.0034*
	（−3.2314）	（−3.2896）	（1.6702）	（1.6889）
Profit_Sale	−0.0714***	−0.0733***	0.0906***	0.0916***
	（−16.7628）	（−17.0625）	（14.4887）	（14.5356）
Cash_Asset	−0.0548***	−0.0563***	−0.1268***	−0.1260***
	（−10.3733）	（−10.6428）	（−15.1905）	（−15.0682）

VARIABLES	（1）Net_Pay_Asset	（2）Net_Pay_Asset	（3）Net_Asset	（4）Net_Asset
Debt_Asset	−0.0789***	−0.0805***	0.1612***	0.1621***
	（−14.5895）	（−14.8403）	（20.2346）	（20.2739）
行业—年度固定效应	是	是	是	是
观测数	16,834	16,834	16,834	16,834
调整 R^2	0.349	0.350	0.309	0.309

注释：括号内为经过修正的 t 值（在企业层面集聚方差）***、**、* 分别表示在 1%、5% 和 10% 水平显著。

5.3.6 用私营企业调查数据（CPES）做稳健性检验

因为工业企业数据库中没有公司治理相关指标，无法用工业企业数据做稳健性检验。本节用中国私营企业调查数据做稳健性检验。[1]

中国私营企业调查（Chinese Private Enterprise Survey，CPES）是目前国内持续时间最长的大型全国性抽样调查之一，也是国内外各界了解和研究改革开放以来中国有企业业和企业家成长的重要微观数据（陈光金等，2018）。中国私营企业调查从 1993 年开始，每两年进行一次，目前已分别于 1993 年、1995 年、1997 年、2000 年、2002 年、2004 年、2006 年、2008 年、2010 年、2012 年、2014 年、2016 年、2018 年进行了 13 次。[2] 该调查是在全国范围内按一定比例（0.05% 左右，每次的比例略有差别）进行多阶段抽样，步骤如下：（1）确定需抽样的总数和各省、市、自治区抽样户数；（2）在各省、市、自治区内抽取计划单列

---

① 资料出处说明：本节使用数据来自中央统战部、全国工商联、国家市场监管总局、中国社会科学院、中国民营经济研究会私营企业研究课题组主持进行的"中国私营企业调查"。中国社会科学院私营企业主群体研究中心负责日常管理的"中国私营企业调查"数据发布平台为该调查数据正式授权发布渠道。笔者感谢上述机构提供数据协助，本书内容由作者自行负责，并不代表数据调查团队和其他相关机构的立场。

② 参见 https://cpes.zkey.cc/index.jsp。

市或省会城市、地级市和县级市各一个以及经济发展水平高、中、低的县各一个，共计6个市、县；（3）按城乡比例确定城、乡调查户数；（4）按城乡各自的行业分布确定各行业调查户数；（5）按等距原则抽取具体被调查户。虽然每次抽样调查的内容有所不同，但关于企业主和企业的基本情况均为固定调查项目，以确保数据的连续性和可比性。有一批实证文章利用该数据做了优秀的研究，例如白重恩、路江涌和陶志刚（2005）使用私营企业调查数据研究哪些因素影响私营企业获得银行贷款难易程度。

本书获取了1993年至2014年的调查数据。该数据相对上市公司和工业企业数据具有以下特点。（1）有专门变量涉及企业间的"拖欠"问题。例如，1993年问卷询问了"1992年贷出、借出、应收欠款（万元）"，2000年问卷询问了"其他企业拖欠您企业的贷款、借款数量（万元）"，2002年至2014年问卷则同时询问了"其他企业拖欠您企业的贷款、借款有多少（万元）"以及"您企业拖欠其他企业的贷款、借款有多少（万元）"（1995年和1997年没有涉及"拖欠"问题）。虽然此处的"拖欠"缺乏严格定义，具有某种主观性，但相比"应付账款"变量，更加强调了"逾期不还"的含义，更加贴合本书的研究主题。（2）样本全部为私营企业，且规模相对较小。例如，样本中有约75%的企业2013年的营业收入小于7000万，而非金融上市企业2013年营业收入小于7000万的只有不到1.5%——在这个意义上，该数据库提供了中小型民营企业的独特视角。

本节主要关照企业拖欠其他企业款项的问题，涉及2002年、2004年、2006年、2008年、2010年、2012年、2014年七年的样本，构成混合截面数据。本节构造如下变量作为因变量：Tuoqian_Rev，定义为企业拖欠其他企业的款项[1]与企业营业收入之比；Tuoqian，哑变量，当企业

---

[1] 问卷中"您企业拖欠其他企业的贷款、借款有多少（万元）"

汇报自己拖欠其他企业款项时取值为 1，汇报不拖欠则取值为 0，没有回答的视为缺失值。因为问卷中并没有直接询问企业资产总量，参考谢昕琰和楼晓玲（2018），本节使用员工数目（人）来衡量企业规模，构造变量 LnEmp（问卷中"全年雇用的员工人数"，取对数）。衡量公司治理水平本节用企业主本身（自己及家人）持股比例（Self_Share），类似于上市公司数据中的"高管持股比例"。企业主本身持股比例越高，企业主的利益跟企业整体利益越协调一致，其越有通过强化管理来改善企业业绩的主动性，其中措施之一是改善应付账款的付款模式，避免拖欠。本节预期企业拖欠其他企业款项与企业主自身持股比例负相关。我们另控制如下变量：LnAge，企业年龄的对数值；Profit_Rev，定义为企业净利润与营业收入之比；Loan_Equity，定义为来自金融机构的贷款余额与企业资本总额之比。为了排除极端值的影响，本节对所有连续变量进行逐年的 1% 和 99% 分位数缩尾调整。回归样本描述性统计表如表 5.12 所示。

表 5.12　利用私营企业调查数据进行回归分析的变量描述性统计

变量	观测数	平均值	标准差	最小值	中位数	最大值
Tuoqian_Rev	19306	0.0666	0.2358	0.0000	0.0000	2.6000
Tuoqian	19749	0.3130	0.4637	0.0000	0.0000	1.0000
LnEmp	19749	3.9925	1.4787	0.6931	3.9318	8.0067
Self_Share	19749	73.771	28.785	0.000	80.000	100.00
Profit_Rev	19749	0.1501	0.3139	−0.9957	0.0513	3.3000
LnAge	19749	2.2066	1.1198	0.0000	2.1972	7.5533
Loan_Equity	19749	6.4437	40.040	0.0000	0.0732	754.00

当因变量为 Tuoqian_Rev 时，因为样本中企业拖欠其他企业款项这一变量为企业主动汇报，且存在大量零值，本节使用 Tobit 模型进行回归（Stata MP 15.0 tobit 命令），控制行业 – 年度固定效应以及省份 – 年度固定效应。当因变量为 Tuoqian 时，本节使用 Logit 模型进行回归（Stata

MP 15.0 clogit 命令），控制年度—省份—行业固定效应。以上固定效应结构，与仅仅控制行业固定效应、省份固定效应和年份固定效应相比，考虑到了随着时间变化而变化的省份、行业层面的宏观变化，已经较大程度上消除了不可观测的异质性因素影响（因为该数据为混合截面数据，无法控制企业层面的固定效应）。本节也测试了不控制任何固定效应的模型。

回归结果如表 5.13 所示。一方面，与第 4 章的研究结论呼应，表征企业规模的变量 LnEmp 所对应的系数显著为正，说明企业越大，反而越可能拖欠其他企业款项，拖欠规模也越大；另一方面，企业主持股 Self_Share 所对应的系数显著为负，意味着企业主的利益跟企业整体利益越一致，企业越不容易发生拖欠问题，即便发生拖欠问题程度也较轻。这与之前的研究结论一致，实证结果支持"企业拖欠是一个公司治理问题"这一论述。

表 5.13　企业规模影响企业拖欠问题的回归分析结果（私营企业调查数据）

回归模型	（1）	（3）	（5）	（6）
	Tobit	Tobit	Logit	Logit
被解释变量	Tuoqian_Rev	Tuoqian_Rev	Tuoqian	Tuoqian
LnEmp	0.0141***	0.0307***	0.1045***	0.1769***
	（4.0172）	（9.7654）	（6.7032）	（16.6427）
Self_Share	−0.0004**	−0.0004**	−0.0022***	−0.0019***
	（−2.3163）	（−2.4899）	（−3.1445）	（−3.4596）
Profit_Rev	0.1588***	0.2266***	−0.0889	0.0422
	（7.1234）	（10.3068）	（−1.2560）	（0.8226）
LnAge	0.0095*	0.0090*	0.0382**	0.0696***
	（1.7815）	（1.9530）	（2.2887）	（4.8353）
Loan_Equity	0.0005***	0.0006***	0.0016***	0.0028***
	（6.6475）	（7.5201）	（3.8348）	（5.7435）
年度 – 行业固定效应	是	否	否	否

续表

	（1）	（3）	（5）	（6）
回归模型	Tobit	Tobit	Logit	Logit
被解释变量	Tuoqian_Rev	Tuoqian_Rev	Tuoqian	Tuoqian
年度－省份固定效应	是	否	否	否
年度－省份－行业固定效应	否	否	是	否
观测数	18,773	19,306	16,318	19,749
Pseudo R^2			0.0184	0.0184

注释：括号内为经过修正的 t 值（在企业层面集聚方差）***、**、* 分别表示在 1%、5% 和 10% 水平显著。

5.4 供应链金融的发展对于改善企业拖欠的贡献

根据本节模型分析,下游企业拖欠导致供应链无效率的一个重要因素是上游供应商的融资成本高于下游客户。在传统的金融体系中,因为信息不对称,核心企业的优质信用往往不能帮助其上游供应商降低融资成本,尤其是多级供应商(即核心企业供应商的供应商),主要是因为银行等金融机构核实应收应付款真实性("确权")的成本较高。

近年来,供应链金融发展迅猛,其着力点之一即是改善应收款"确权"和"变现"的问题,使得核心企业的信用可以帮助其多级供应商降低融资成本。

中企云链是一个值得深入研究的案例。[①] 中企云链成立于 2015 年,由中国中车联合 11 家央企、2 家银行、6 家地方国有企业以及 4 家民营企业共同成立的国有控股混合所有制企业,合作关系包括多家股份制银行、城商行和证券公司。中企云链复杂的股东组成和合作关系表明了其构建一个开放的、全方位共享共通的供应链金融平台的愿景。中企

---

① 参见中企云链官网 https://www.yljr.com/zqyl-web/ 及其案例分析 http://www.cfec.org.cn/view.php?aid=1828.

云链在全国范围内打造了首个产业互联网＋供应链金融服务平台，创设"N+N+N"的供应链金融模式，即"N家核心企业+N家金融机构+N级供应商"，将企业资源、金融资源和供应商资源整个在一个平台上。截至2021年10月初，中企云链平台已注册企业用户近11.8万家（中小企业占90%以上），实现大企业"云信"确权4200多亿，通过云信流转累计免费清理产业链企业三角债近13000亿元，为中小企业办理线上应收账款融资近2800亿元。[①] 中企云链核心产品是"云信"。"云信"是一种可流转、可融资、可灵活配置的电子付款承诺函，其本质是基于真实贸易形成的应收应付凭证。"云信"艰巨银行承兑汇票的可靠性、商业承兑汇票的免费开具、现金的灵活性，同时具有可追踪性。供应商持有核心企业的"云信"，可以选择持有到期，也可以选择全部或者部分流转给供应链上的其他企业，还可以选择在平台上进行低成本保理融资（平台本身提供保理服务，再将这些"云信"打包再保理给金融机构）。整体来看，这个过程有以下三个特征。第一，"云信"相当于凭借平台的数据整合功能，完成了企业之间应收应付款的"确权"功能，即使核心企业不主动"确权"，大数据也可以追踪和检验交易的真实性。第二，核心企业的"云信"在供应链上的拆分、流转使得其具备了"货币"的属性，有助于解决互相拖欠的"三角债"问题。第三，核心企业"云信"的保理业务相当于平台发挥中介功能引导银行资金流向供应商（应收款作为抵押）。值得说明的是，平台保理业务其实还是以核心企业为中心，其利率以核心企业确定的标准利率为基础，根据供应商类型和资质做适当调整；平台提供保理服务后，会将相关资产再保理给金融机构，平台本身不收取利息差，只依赖服务费实现盈利。如果再保理机构为银行，则整个过程相当于银行以核心企业的商业信用为其供应商提供融资；如果再保理机构为核心企业本身的财务公司，则整个过程相当于

---

① 参考：中企云链—产融互联网，"N+N+N"的创新供应链金融模式，引自《2020-2021年全国供应链优秀企业及杰出个人白皮书》（第二部）优秀案例系列。

核心企业缩短了账期，提前付款给供应商。

对于供应商而言，"云信"实现了低成本的应收款确权和变现，可以快速回款，减少资金压力。对于下游企业而言，帮助供应商低成本融资有助于进一步降低采购成本，改善利润，同时"云信"还提供了穿透供应链各层级、全面把握供应链资金流动的工具，有助于强化供应链关系。整体来看，该平台通过创设一种标准化的付款凭证，实现了及时、准确的确权，使得核心企业的商业信用可以惠及供应链上各级供应商，降低供应商的资金成本，也帮助核心企业降低采购成本，从而实现了整个供应链的"互惠互利、协同共享"、提升了供应链竞争力。

无独有偶，TCL 公司推出的供应链金融平台"简单汇"上的"金单"也与此类似。自 2015 年成立至 2021 年末，简单汇平台自成立以来，累计为超过 2.5 万多家企业提供超 950 亿元融资，笔均融资 73 万元，综合成本平均年化约 5.43%。① 不同于中企云链，"简单汇"平台是由一个核心企业发起，服务于该核心企业的多级供应商，是典型的"1+N"模式（1 个核心企业 +N 级供应商），比较封闭，但是企业之间的关系更加紧密（所有企业都或多或少与核心企业发生联系）。中企云链则更加强调平台的开放性，以票据贴现为例，中企云链除了贴现中车本身持有或者承兑的电子商票以及银行承兑的电子商票，还可以贴现其他央企集团财务公司承兑的电子财票。

不论是以某个核心企业为中心的供应链金融模式还是以某个平台为中心、覆盖多个核心企业的供应链金融模式，本质上都需要依赖核心企业作为"还款来源"的功能，其应付款构成底层资产，其信用构成供应链的底层信用。但是，随着技术进步和参与企业增加，核心企业可以作为其他角色发挥作用。例如，中金公司预测，随着区块链等技术的发展，供应链金融产品有可能发生"去核心化"，核心企业在其中不作为

---

① 简单汇：传递优质商业信用，引流金融活水至中小微企业，引自广州市地方金融监管局 2021 年首届金羊"点数成金"数字金融创新案例示范活动入选案例集。

还款来源，而是作为一个信息提供方、资产管理方等角色，更多的企业可以作为核心企业加入到供应链金融产品的创设中来。[1] 宋华（2019）指出，产业生态与金融生态的融合是供应链发展的未来，凭借金融科技赋能，在产业端和金融端都应该形成协同融合的网络并有机结合起来。

另外，传统供应链中的支付结算不能自动化、智能化按约定完成。例如，正如我们之前讨论的，财务部门在接收到付款指令后并不能及时付款，一方面付款流程本身有不确定因素（例如先后需要多个负责人签字），另一方面财务部门本身有延迟付款的激励（尤其是资金状况比较紧张的时候）。这势必影响全供应链的资金流转效率。供应链金融也可以解决这个问题。例如"壹诺金融"已经可以实现"智能合约"，借助即整个链条上的企业债权流转过程记录在链条上，形成触发后可自动执行的合约，且具有"不可篡改、支持回溯"的技术特性；核心企业付款后，结合具体业务场景，智能合约可以保证资金在多级供应商间快速自动清算，固化执行路径、减少人为干预，提高还款的可预期性和执行效率，有效杜绝业务流程中的违约风险。[2]

总之，供应链金融一方面简化了核心企业应付款的"确权"，使得其信用可以传递到多级供应商、从而降低融资成本；另一方面提高了支付清算的效率，降低了不确定性，解决了下游核心企业"拖欠"问题造成的低效率，可以提升整个供应链的利润。

5.5 本章小结

本章从企业内部摩擦导致企业无法有效承诺"准时付款"的角度，

---

[1] 参见 http://www.hecaijing.com/express/detail/15403489195925899.html。

[2] 参见壹诺金融官网 https://www.yinuojr.cn/product.html 及其案例分析 http://info.10000link.com/newsdetail.aspx?doc=2018050990005。

论证企业拖欠行为是一个公司治理问题。传统的"市场势力"理论认为有市场势力企业的"拖欠"行为节省了其本身的财务费用，增加了其供应商的财务成本，是"损人利己"的行为，本质上是利润在供应链上分配的"正常"表现。本书从另一个角度，构建了一个弱势供应商和强势客户（包括采购和财务两个部门）的博弈模型，把账期和交易价格结合起来考虑，论述强势企业的"拖欠"行为可能"损人不利己"，其核心机制是：财务部门有"延迟付款"以节省财务费用的激励，导致企业整体上无法有效承诺"准时付款"；预期到下游客户会"拖欠"，处于充分竞争状态的供应商不得不在报价中包含"拖欠补偿"来覆盖其额外的资金成本；因为强势企业的资金成本往往低于其弱势供应商，该"拖欠补偿"超过了下游企业节省的财务费用，这意味着下游企业的拖欠行为推升了供应链整体的财务成本；采购部门基于"毛利润"（预期销售价值与采购成本之差）最大化的考虑，在做采购决策时而不考虑企业"资金成本（或收益）"，加剧了财务部门拖欠付款导致的不良影响。整体上来看，下游企业拖欠问题的根源是企业内部部门（采购部门和财务部门）之间的目标不一致、利益不匹配，是一个公司治理问题，在给供应商造成资金压力的同时，导致其本身利润低下，供应链处于无效率状态。

根据我们的模型分析，解决这个问题有以下三条"妙方"。第一，高质量的内部治理有助于抑制该问题，因为高质量的内部治理可以使得内部人（例如高管）更能主动地协调企业内部各部门之间的摩擦，使各部门利益更加协调一致，也使得企业可以有效承诺准时付款，从而减少拖欠，提升企业利润。第二，利用"一头在外"票据贴现等供应链金融工具，通过"业财融合"促使采购部门在制定采购决策时考虑企业整体利益，可以克服"拖欠"问题带来的不良影响，改善企业利润。第三，有效的外部治理机制也可以发挥协调作用，"倒逼"企业内部各部门加强协调，改善企业整体收益。

本章也用企业微观数据做了实证检验。具体地，本章用上市企业数据、私营企业调查数据验证公司治理完善的企业应付款规模更少、净输出商业信用更多，证明企业欠账是一个公司治理问题。同时，本章利用融资融券制度的逐步扩容作为准自然实验，发现企业成为融资融券标的后，其应付款规模下降。考虑到融资融券制度普遍被认为改善了定价效率，降低了信息不对称，发挥了外部治理机制的作用，以上结果从侧面证明了企业拖欠是一个公司治理问题。另外，本章把 2018 年 11 月 1 日"民营企业座谈会"上习近平总书记的指示作为政策冲击进行事件研究，发现之前欠账问题比较严重的上市企业反而获得了正向的价值冲击——这意味着，投资者预期这些企业未来在减少欠账的同时可以改善利润，与本章理论预测一致。本章也指出，企业欠账问题是不履行企业社会责任的表现。结合模型分析和实证检验，本书也定性论述了供应链金融对于改善企业间欠账问题的贡献。基于如上分析，本书将在第 6 章梳理西方发达国家应对企业间拖欠问题的相关措施，并结合中国实际提出政策建议。

第 6 章　企业间款项拖欠问题及其应对：
国际视角

　　企业间欠账，尤其是大企业凭借市场地位占用中小企业的资金问题，是一个全球性问题。债务管理公司 Intrum 派人专门针对延期付款问题采访了欧洲 29 国超过 1.1 万家企业，其发布的《欧洲企业间付款报告2022》指出，41% 的受访企业表示客户欠账限制了企业发展，26% 的受访企业强调客户欠账直接影响企业存续。[①] 企业间付款服务公司 Melio 相关人士在 2021 年针对美国小企业的调研发现，大多数小企业正常账款周期是 30 天，但有 1/4 的小企业表示其客户往往拖延 20 天至 30 天才能付款，超过一半小企业遭受大型企业欠账的不公待遇，44% 的企业表示客户欠账对企业正常生产经营带来挑战，更有 30% 的企业强调客户欠账严重影响企业存续。[②] 根据欧盟的调查，市场势力不平衡是导致款项拖欠问题的最为重要的原因之一，中小企业因为市场势力弱，担心破坏与大企业的生意关系，往往被迫接受更长的账期。[③]

---

　　① 参见 https://www.intrum.com/publications/european-payment-report/european-payment-report-2022/（最后访问：2022-07-10）。

　　② 参 见 https://www.businesswire.com/news/home/20210512005058/en/Late-payments-by-large-firms-are-%E2%80%98deliberate%E2%80%99-and-harm-recovery-say-small-businesses（最后访问：2022-07-10）。

　　③ 参 见 http://www.europarl.europa.eu/doceo/document/A-8-2018-0456_EN.html?redirect（最后访问：2022-07-10）。

为了缓解这一问题，发达经济体进行了可资借鉴的政策探索。本章重点关注欧盟整体、美国、英国、德国、法国、日本、韩国等地针对企业间欠账问题所采取的措施，并在此基础上，结合中国实际提出政策建议。

6.1 欧盟整体

欧盟也存在较为严重的应付账款拖欠的问题，尤其是大企业拖欠中小企业的货款。根据 EU（2015）研究，在欧洲有近 80% 的企业被拖欠过款项，中小企业受到的影响更大。

为了解决这个问题，2011 年欧盟推出《遏制商业交易中的延迟付款问题指导性文件》（ *Directive on Combating Late Payment in Commercial Transactions*，简称《指导》），规范企业间应收 / 应付账款的管理。其中，《指导》要求公共部门必须在 30 天内付清购买货物或者服务的款项，确实有特殊情况的最多延长到 60 天；一般企业必须要在 60 天内付清款项，除非另有协议且证明协议是"公正"的；延迟付款需要支付利息，利率水平高出央行基准利率 8 个百分点；各国可以推出更加严格的措施来保护持有应收款的一方利益。按照该文件要求，各国应该调整本国的法律，推进《指导》中所列的原则性要求落地。

根据 EU（2018）研究，主要措施包括三类：预防性的措施，避免拖欠款项情况发生处置性的措施；发生拖欠货款时可以求助于一套公正的处置机制；改革性的措施，以营造更好的营商环境。

其中，"预防性"的措施主要包括以下内容。第一，通过立法的方式对企业间付款的账期和其他合同约定做出规定，例如丹麦、芬兰和瑞典规定账期不超过 30 天，除非另有"公平"协议。有些国家甚至规定，双方不得签订超过最长账期规定的付款协议。例如法国规定，正常情况下的最长账期为 60 天，如果双方明确同意且无明显"不公平"，可以延长至 75 天，但不能超过 75 天。西班牙则规定，不管双方是否同意延长，账期都不得超过 60 天。有些国家专门针对中小企业和大企业之间的付款问题做了规定，例如在荷兰和土耳其[①]，如果双方中有一方是大型企业，另一方是自然人或者中小企业，则账期最长为 60 天，不允许延长。对于没有合同约定的情况，各国也做出了有利于供应商的规定，例如大多数国家设置默认账期为 30 天。第二，建立一个开放、透明、高效的企业应收/应付款"征信系统"，让企业可以获取足够多的关于自己生意伙伴守约情况的信息，例如英国 2017 年出台新政策，设定了强制性的披露规则，要求大中型企业每半年必须公布应付账款付款情况。另外，一些企业和协会还自发建设了企业应收应付款的"征信系统"，可以查询某家企业应付款的付款履约情况。例如波兰的 KRD 系统，2017年末已经覆盖 23.5 万家企业，有近 68 万注册用户。第三，帮助企业强化"账单管理系统"（例如电子对账系统），以简化财务流程、减少中间环节耗时。

另外，"处置性"措施包括：建立多层次的争端解决机制，例如仲裁，以补充成本较高且往往缓慢的司法机制；必要时政府可以行政干预，精准打击一些长期拖欠款项的企业。"改革性"措施包括：营造"快速付款"风气，把及时付清欠款纳入"企业社会责任"体系；为企业（尤其是中小企业）提供应收/应付款管理方面的教育和培训，改变企业负责人的意识；调动行业组织的力量，利用其自发的"行业约定"来改善企业间付款的风气。

当然，该《指导》的落实也存在若干问题。例如，中小企业被拖欠时"维权意愿"弱，因为其发展依赖于大型企业，不敢因为"催款"破坏与大型企业的生意关系。在这方面，《指导》不能发挥"立竿见影"的效果，只能借助教育和培训，来逐渐改变观念、扭转风气。另外，

[①] 参 见 http://www.erdem-erdem.av.tr/publications/newsletter/the-consequences-of-late-payment-in-the-procurement-of-goods-and-services/。

《指导》中要求企业间付款协议不能"明显不公平"（grossly unfair），但
是如何界定缺乏说明。

6.2 美国

早在 1982 年，美国国会通过了"联邦准时付款法"（Federal Prompt
Payment Act），要求联邦政府机构准时付款，延迟付款需要给付利息。
最初，该法案规定，如果没有质量等方面的争议，默认账期为 30 天
（某些特殊物品和服务的账期则适用更短账期）；在收到账单后政府机
构如果认为账单有问题需要在 15 天以内给出反馈；政府机构最多可
以"免费"逾期 15 天付款，超过 15 天则需要罚息，利率水平为"合
同争议法"（Contract Disputes Act）规定的利率且采用每 30 天计复利
的方式计算利息；各政府部门需要每年报告自己的付款模式和履约
情况。

1988 年，国会对该法律进行了修订，主要包括：澄清账期的起始点
（收到账单或者接收货物或者服务的 7 天后）；政府机构如果认为账单
有问题需要在 7 天内提出；"免费"预期 15 天的规定被取消；如果政府
机构预期不主动付息，可能面临额外的罚息；进一步明确了法律适用对
象，包括工程款（且工程款的默认账期为 14 天）；工程项目一级承包商
必须确保其分包商和供应商获得应得款项；联邦政府采购中必须遵照该
法律等。

其中，对于政府工程项目，该法案对承包商和分包商的付款行为
做出了细致规定，要求一级承包商在收到政府付款后的 7 天内付款给分
包商和供应商等，分包商和供应商也必须把"准时付款约定"写入他们
与下一级分包商和供应商的合同中。[①] 当一级承包商向政府申请给付相

---

① 参 见 https://www.smithcurrie.com/publications/common-sense-contract-law/federal-
prompt-payment-act-accuracy-is-critical/pdf/。

关款项时，需要证明他们已经结清了之前应该付给分包商和供应商的款项。

根据美国审计局（Government Accountability Office）数据，1978 年（该法律实施之前）政府机构有 30% 的应付款逾期未付，1986 年该比例降为 24%，1990 年该比例进一步下降为 6.4%（Renner, 1991）。

2011 年，美国政府推出"快速付款计划"（Quickpay Program），要求联邦政府机构缩短对小企业的付款周期，目标为 15 天以内付款。根据相关测算，实施三年内，该计划加快了联邦政府对小企业 2220 亿美元应付款的偿付工作，为小企业节省了超过 10 亿美金的成本。[①]2014 年，美国政府进一步推出"供应商付款计划"（SupplierPay），协调大企业缩短对小企业的付款周期，帮助小企业获取低成本的营运资金。

6.3 英国

根据英国商业、能源和产业战略部（Department for Business, Energy and Industrial Strategy, BEIS）的报告，2017 年英国中小企业中有 1/2 输出商业信用，2/3 输入商业信用，基于商业信用的企业间交易非常普遍（BEIS, 2018）[②]。根据英国"小型企业联盟"（Federation of Small Businesses, FSB）的报告，英国小型企业有 1/3 的应付款被拖欠，平均拖欠时间超过 1 个月；其中超过 60% 是被大型企业拖欠，接近 80% 的小型企业无法对拖欠款项征收利息（FSB, 2016）。

有证据表明，延迟付款问题导致企业减少雇员、缩小投资，甚至导致破产（如 Connell, 2014）。Peel、Wilson 和 Howorth（2000）在问卷调查中发现小企业认为政府引入行政手段治理企业拖欠问题是改善小企业

---

① 参见 https://obamawhitehouse.archives.gov/blog/2014/07/11/supplierpay-and-quickpay-strengthening-americas-small-businesses

② 参见 https://assets.publishing.service.gov.uk/government/uploads/system/uploads/attachment_data/file/710553/LSBS_2017_cross-sectional_SME_Employer_report.pdf

经营绩效的"最重要"因素。根据相关调查，有41%的中小企业主认为，拖欠款项问题给他们造成的负面影响超过英国脱欧。[①] 延迟付款可能有"正常"的原因，例如，根据 Atradius 数据，有43%的企业认为延迟付款的原因是"现金流紧张"，有27%的企业认为是因为"产品或服务质量不符要求"。[②] 但是，"非正常"原因的影响也不容小觑。企业之间地位不对等、供应链结构导致的互相拖欠（即"三角债"）、管理效率低下以及将应付款作为融资手段而故意拖欠也是导致延迟付款的重要原因（BEIS, 2018；EU, 2015；Intrum, 2018）。

早在1998年，英国政府出台《企业间拖欠款项法》(the Late Payment of Commercial Debts (Interests) Act)。该法令的初衷是保护中小企业（最初规定是50人以下的企业），规定了默认的付款期（30天，另有约定除外），当大企业或者政府机构拖欠中小企业款项时，中小企业有权利征收利息（基准利息上浮8%，以覆盖中小企业的融资成本）或者要求其他赔偿，这为约束延迟付款问题提供了制度性框架。[③] 随着2000年欧盟出台《延迟付款法》(Late Payment Directive) 并在2011年大幅修订，英国也分别在2000年、2002年、2013年和2018年对企业间拖欠款项法进行了补充或者修订。其中2000年修订中规定中小企业被其他中小企业拖欠款项，也有权征收利息。2002年修订把保护对象扩展到所有企业（包括政府组织）。2013年修订中对"合理付款期"做出了进一步规定，以30天为默认付款期，双方可以另行约定，但是当约定付款期超过60天时，拖欠方也必须从60天起支付利息，除非能证明协议不是"非常不公平"(grossly unfair)[④]。2018年修订中进一步强调企业间付款协议不

---

① 参见 https://www.thepaypers.com/e-invoicing-scf-e-procurement/late-payments-force-uk-smb-owners-to-use-emergency-finance/775767-24

② 参见 https://atradius.co.uk/reports/publicationspayment-practices-barometer-united-kingdom-2017.html

③ 参见 http://www.legislation.gov.uk/ukpga/1998/20/pdfs/ukpga_19980020_en.pdf

④ 参 见 https://www.osborneclarke.com/media/filer_public/19/8e/198e3129-4118-45fa-9801-eb34d34204e2/late-payments-of-commercial-debts.pdf

能"非常不公平"，否则弱势方仍可以要求赔偿，这主要是为了遏制大企业利用自身优势地位强迫中小企业签订某些不公平协议①。

2008 年，英国政府委托信用管理注册协会（Chartered Institute for Credit Management）发起"准时付款规范"（Prompt Payment Code），为企业间付款模式设立标准，包括准时付款给供应商、与供应商充分沟通和在供应链中鼓励良性付款模式。截至 2017 年 7 月，签署企业已经超过2000 家。②

2011 年，英国政府推出 Mystery Shopper 服务，后更名为"政府采购评价服务"（Public Procedurement Review Service），企业可以匿名反映政府部门及其下属组织拖欠款项的问题。该服务已经帮助企业索取到 520 万欧元的政府拖欠款。英国政府计划进一步提高政府部门的付款速度，争取实现 5 天内给付 90% 的应付款。③

2017 年 4 月，英国正式出台"付款模式和表现披露规定"（The Reporting on Payment Practice and Performance Regulations 2017），要求大型企业（以下条件至少满足两条：营业收入超过 3600 万欧元，总资产超过 1800 万欧元，雇员人数超过 250 人）提交正式报告（每年两次），说明自己应付账款的付款模式，包括付款周期、具体协议条款、供应商关系管理和争端解决机制等。自 2017 年 10 月至 2018 年 8 月，已经有超过 6500 家企业公布了付款模式报告。④ 根据这些付款报告，账单接收 2 个月以后尚未付款的比例约为 10%。

2017 年 12 月，英国政府进一步设立"小企业专员"（Small Business Commissioner）一职，专门负责帮助小企业处理"不公平付款模式"（unfair payment practice）的问题。

① 参见 http://www.legislation.gov.uk/uksi/2018/117/made

② 参见 http://ppc.promptpaymentcode.org.uk/ppc/news.a4d

③ 参见 https://www.gov.uk/government/news/crack-down-on-suppliers-who-dont-pay-on-time

④ 参见 https://check-payment-practices.service.gov.uk/export。

拖欠问题在某些行业更为严重，例如建筑行业。2018 年 1 月，英国第二大的建筑公司 Carillion 进入清算程序，暴露出严重的拖欠问题。据悉，该企业强迫其供应商同意长达 120 天（4 个月）的付款期，并联合银行为供应商提供"担保融资服务"（reserse factoring），如果供应商想提前收回款项，可以将应收款以折扣价格卖给银行。通过该种操作，Carillion 公司把供应商应付款作为融资工具，减少了银行贷款数目，从而粉饰报表，涉及金额高达 6.74 亿美元[①]。在各界呼声中，2018 年 10 月，英国政府发起专项计划，征集社会各界对于打击"拖欠"问题的看法和建议。英国小型企业联盟（FSB）建议政府要求上市公司的独立董事（non-executive directors）对企业的付款模式承担责任，要求富时 350（大型上市企业）共同签署一个加强版的"准时付款保证"。

2018 年 11 月，英国政府公布正在酝酿"准时付款条例"（Prompt Payment Initiative），拖欠款项的企业将无法参与政府项目（例如基础设施建设、公共设施维护等）。新冠肺炎疫情暴发后，欠账问题对小企业经营乃至存续带来的压力进一步加大，相关部门加快更新"准时付款规则"的节奏。2021 年 1 月，新版"准时付款规范"（Prompt Payment Code）正式发布，新规包括：一是明确 95% 的应付账款在 60 天内付清；二是明确欠小企业（雇员人数少于 50 人）的账款应在 30 天内支付 95%以上；三是按照规定每年发布付款情况的报告；四是无故逾期支付相关款项应支付延期内的利息；五是企业可以自愿选择是否加入该规则，一旦决定加入，企业运营官、财务官或者企业主需要对合规做出个人承诺；六是为供应商（持有应收账款的一方）提供款项结算方面的沟通协调机制。英官员称，新规有利于遏制"欠账文化"、提振企业信心、助力经济复苏。但是，这一新规主要影响与英国政府有密切商业合作的企业，数目相对有限，截至 2021 年 6 月仅有约 3300 家。

---

① 参 见 https://www.pymnts.com/news/b2b-payments/2018/carillion-late-payments-uk-small-businesses-xero/。

6.4 德国

2014 年，德国根据欧盟"延迟付款法"（Directive 2011/7/EU）修订了民法，对企业间拖欠款项问题作出了更加严格的规定。新规要求企业在默认情况下，须在接收产品或者服务、开具账单后的 30 天以内付款，如果产品或者服务需要质检、核验，则检查期最长为 15 天。如果双方确另有约定，则付款期可以延长至 60 天，检查期最长为 30 天。但是如果欠款方是政府部门，则付款期不能超过 30 天。如果的确有特殊情况需要延长付款期，则必须证明双方协议不是"非常不公平"（grossly unfair）。如果超过付款期，则被拖欠方有权征收利息，利率水平为基准利率上浮 9%（之前为 8%）；被拖欠方同时可以要求赔偿，赔偿金额为被拖欠方实际损失加上一定的惩罚性赔偿（punitive damage）；企业不能在合同中约定免除该延期利息和赔偿，除非能证明不是"非常不公平"。

德国的规定比英国更加严格。第一，德国对"检查期"的规定更为明确，即下游企业不能以"检查产品质量"为由恶意推迟出具账单；第二，德国对于政府部门的付款期规定更严格，企业付款期可以延长至 60 天，但政府部门必须在 30 天内付款（否则就要单独说明原因且支付罚息）；第三，德国对于合理付款期的规定更为严格，即使双方对超过合理付款期后的罚息水平有约定，约定的付款期也不能超过 60 天（除非能证明不是"整体不公平"），而按照英国规定，如果双方在协议中对于超过合理付款期后的罚息水平进行了较为公平的约定，则合理付款期可以超过 60 天。[①]

---

① 参见 Baker & McKenzie（2014），https://www.bakermckenzie.com/-/media/files/insight/publications/2014/09/law-on-combating-late-payment-in-commercial-tran__/files/read-publication-in-english/fileattachment/al_germany_combatinglatepayment2_sep14.pdf

德国司法体系对于"追讨欠款"非常友好。当客户拖欠款项且催款未果时，如果款项金额较低且不存在争议，可以通过法院催告程序（court collection proceedings or legal dunning procedure, Mahnverfahren）代替诉讼，通过法院向对方发送"法院付款令"（court order of payment, Mahnbescheid）[1]。从送达之日起两周内，如果对方提出异议，则法院催告程序终止，此时企业可以进一步提起诉讼，或者与对方庭外和解。如果对方没有及时提出异议，申请人可以在六个月之内申请强制执行，法院发出强制执行令（enforcement order, Vollstreckungsbescheid）。自强制执行令送达之日起两周内，如果对方没有及时提出抗辩，申请人即可委托法院采取冻结对方账户、拍卖对方财产等强制措施，并通过法院执行官（Bailiff, Gerichtsvollzieher）获得被拖欠的款项。如果对方提出抗辩，法院催告程序终止，此时企业可以进一步提起诉讼或者与对方庭外和解。相比诉讼程序，法院催告程序的优点是快速、简便、费用低；缺点是抗辩即止，欠款人不需列明理由即可抗辩、终止催告程序。

在较为严格且高效的法制约束下，德国有企业业间拖欠问题相对较轻。根据 Atradius 发布的调查数据，2017 年德国有企业业国内销售中有29.2% 为"赊销"，低于西欧整体（42.6%）；企业约定付款期平均为 24天，低于西欧整体水平（32 天）；平均拖欠期为 21 天，企业间应付款有40.6% 逾期未付。拖欠原因主要是现金流吃紧（45.8%）和买方以应付款为融资手段、故意不付款（27.3%）。[2] 根据 EU（2015）的调查，在账期限制方面有较为严格法律规定的国家如德国，企业间拖欠问题相对较轻；反之在希腊、马耳他、斯洛伐克等国家该问题则更为严重。根据其 2015年所做调查，德国只有约 1/3 的企业反映有被拖欠的问题，但是在希腊、马耳他、斯洛伐克等国该比例超过 90%。根据 Bisnode（2017）的调查，德国准时付款的企业超过 80%，远高于欧洲平均（40% 左右），是西欧最为

---

① 参见 http://invorderingsbedrijf.com/germany
② 参见 https://atradius.nl/rapport/payment-practices-barometer-germany-2017.html。

准时付款的国家之一。

6.5 法国

2008 年正式生效的法国《经济现代化法》（the French Law on the Modernisation of the Economy）规定，企业间付款账期从当月末计算不能超过 45 天，或者从账单日计算不能超过 60 天；如果欠款方逼迫其供应商签订超过以上限制的付款协议，或者无充分理由地要求供应商延迟开具账单，均构成违法行为，会被处以罚款；企业间拖欠付款需要罚息，默认利率水平为欧洲央行贴现利率上浮 10 个百分点，除非双方另有约定，但该约定利率不得低于 3 倍的法定利率。[①]

2011 年欧盟重新推出延迟付款法后，法国也根据其要求调整了企业间付款的相关规定，规定默认账期为 30 天，除非另有约定；即使另有约定，付款账期从当月末计算不能超过 45 天，或者从账单日计算不能超过 60 天；对于某些特殊物品和服务，账期最长不能超过 30 天（例如交通运输）。

6.6 日本

日本非常注重商业交易"准时付款"的问题。早在 1949 年，日本就颁布了《防止拖延支付政府合同费法》，限制政府部门的拖欠问题，

---

① 参见 http://www.iflr.com/Article/2324310/France-Modernising-the-economy.html。"法定利率"是法国有关部门公布的专门用于计算拖欠款罚息的利率。2014 年之前，法定利率是基于 13 周的国债利率，因为宽松货币政策，该利率实际上非常低（2014 年仅为 0.04%）。为了更好地补偿被拖欠方，2015 年开始，法国对法定利率计算规则进行了调整，使之更加符合被拖欠方的真实资金成本。一方面针对被拖欠方为自然人时有特殊利率，另一方面根据经济波动情况实行半年更新制度（之前为年度更新）。2015 年上半年，针对自然人的法定利率为 4.06%，其他类型则为 0.93%（其背后的逻辑是自然人更应该受到保护）。参见 https://www.morganlewis.com/pubs/lit_lf_frenchreformlegalinterestrate_11march15。

确保企业与政府部门交易时能及时收款。该法经历若干次修改，最近一次是 2002 年。该法规定，政府在企业交货完毕后的 10 日（工程类项目为 14 日）内确认"交货完毕"，并在 30 日（工程类项目为 40 日）内付款，由财政大臣负责监督、落实。

针对企业间拖欠问题，早在 1956 年，日本就颁布了《防止拖延支付转包费法》（作为《禁止垄断法》的补充法），对发包公司与转包公司之间交易可能发生的"拖欠"问题作出规定，以确保公平交易和保护转包企业的利益（王岩琴，2007）。该法经过若干次修改，最近一次修改是 2009 年。该法规定，不管发包商是否对转包商的交货内容进行核查，都需要在收到交货后 60 日以内付款，如果延迟付款需要支付罚息，罚息率可以高达年化 14.6%，由公正交易委员会和中小企业厅长官负责监督落实（工业和信息化部中小企业局，2018）。

根据 Atradius 调查数据，日本是亚太地区企业间付款模式最为优秀的国家：2016 年日本国内交易中只有 23.7% 的账单会发生拖欠问题，为亚太地区最低值（区域均值为 44.6%）；接近 50% 的受访企业表示客户拖欠款项问题对企业正常运营没有负面影响，该比例则为亚太地区最高值（区域均值为 39.8%）。

6.7 韩国

韩国 1985 年开始推行《转包合同公平交易法》，旨在保护作为转包商的中小企业的利益。后来经历多次修改，目前版本为 2015 年修订版，2016 年正式实施。该法规定总包商需要在收到预付款的 15 日以内向转包商支付其应得的款项，超出时间需要支付罚息，如果不是以现金支付（例如用类似商业承兑汇票的"期票"支付）则其引入的贴现费和手续费由总包商承担，由公平交易委员会负责监督落实。

此外，韩国 2005 年制定了《促进大中小企业合作法》，经过多次修改，目前版本为 2012 年修订版。其中，关于"延迟付款"，该法规定下游企业在收到供应商货物后，应该立即出具收据，并需要在 60 日以内付款，否则要支付罚息；如果用票据而非现金支付需要承担贴现费和手续费；该法由公平交易委员会和中小企业管理局负责监督落实。

根据公平交易委员会 2018 年年报（KFTC，2018），2017 年总包商和转包商之间用"现金"结算的比例超过 60%，用现金或者现金等价物结算的比例达到 93.5%，这意味着转包商不需要承担额外的票据贴现成本。另外，接近 70% 的总包商使用该委员会制定的"标准合同模板"与转包商签订合同（该举可以避免总包商强迫转包商接受不公平条款）。

6.8 本章小结

为了改善供应链上"拖欠"问题导致的低效率，政府可以从外部进行约束，改善法治环境和营商环境。西方国家在应对企业间拖欠问题上的管理体系可以提供有益借鉴，其主要特征包括如下四点。一是对账期给出相对明确的指引性规定。各国普遍给出默认账期，往往为 30 天至 60 天，对于超出默认账期的情况，要求相关企业给出解释性说明，并视情况支付逾期利息。二是将准时付款上升到商业伦理和企业责任的高度。多国政府明确表示"欠账是不道德的"，要求企业针对付款模式定期公开发布报告，从而调动媒体和公众的监督功能。三是行政和司法相配合，确保针对被欠款企业的救济机制功能落实到位。中小企业在产业链上的地位相对较弱，被大企业欠账时，往往敢怒不敢言，缺乏维护自身利益的勇气和能力。各国普遍将行政执法权与司法权相结合，综合使用行政干预、调解仲裁、司法审判等手段，增强对违规违法欠账事件的处置效率，降低中小企业维权门槛，加大大企业拖欠成本。四是仍然保持较大的灵活度，授权专业机构对相关争端进行专业处置。鉴于商事关系的复杂性，各国在设置相关规则时普遍遵从兼具"强制性"和"自愿性"的原则，留有较大灵活度，同时授权专业机构和人员（例如英国的小企业专员）来协调处置相关争端。

第 7 章　总结和政策建议

7.1 总结

7.1.1 研究贡献

本书从企业间负债的视角来研究企业间款项拖欠问题。

本书第一个贡献是利用上市企业和工业企业微观数据证明企业规模与应付款规模显著正相关，与商业信用净输出（应收与应付之差）显著负相关，这意味着大企业更容易"拖欠"帐款。这一方面不符合传统的商业信用"融资工具理论"预测（该理论认为，大型企业外部融资能力强，应该输出商业信用，实现资金的"二次配置"），也不符合较近的商业信用"企业发展阶段理论"预测（该理论认为，随着企业从小到大，当信贷约束时，规模越大、商业信用输入越多；当可以低成本借贷时，规模越大，商业信用输出越多）。进一步检验发现，往往被认为具有信贷优势的国有企业以及有息负债利率低的企业反而持有更多的应付款，净输出商业信用更少，且该效应对于不同的衡量方法和回归手段保持稳健，进一步强化了结论。

本书第二个贡献是针对强势企业"延迟付款"问题给出了一个新的理论分析框架，同时考虑采购价格和账期因素，指出强势企业拖欠行为是一个公司治理问题，并进行了实证检验。具体地，本书从企业内部部门（采购部门和财务部门）之间摩擦导致企业无法有效承诺"准时付款"的角度，论证企业拖欠行为是一个公司治理问题，"损人不利己"。其核心机制是：财务部门有"延迟付款"以节省财务费用的激励，导致企业整体上无法有效承诺"准时付款"；预期到下游客户会"拖欠"，处于充分竞争状态的供应商不得不在报价中包含"拖欠补偿"来覆盖其额外的资金成本；因为强势企业的资金成本往往低于其弱势供应商，该"拖欠补偿"超过了下游企业节省的财务费用，这意味着下游企业的拖欠行为推升了供应链整体的财务成本；采购部门基于"毛利润"（预期销售价值与采购成本之差）最大化的考虑，故而在做采购决策而不考虑企业"资金成本（或收益）"，从而加剧了财务部门拖欠付款导致的不良影响。整体来看，下游强势企业"延迟付款"问题的根源是企业内部部门（采购部门和财务部门）之间的目标不一致、利益不匹配，是一个公司治理问题，在给供应商造成资金压力的同时，导致其本身利润低下，供应链处于无效率状态。

7.1.2 研究不足之处

当然，本书的分析尚不完善，主要存在以下三点问题。第一，本书所使用的数据（上市企业数据、工业企业数据、私营企业调查数据）都是单个企业层面的数据，而不能获取其交易对手方的数据。例如，我们只能获取应付账款等指标，却不能得知这些应付账款对应哪些公司的应收账款。供应链并非是个体企业的机械联合，而是一张企业间互相联系、紧密互动的网络。如果能获取供应链上各个企业之间的货物流（运送模式）、资金流（付款模式）和票据流（应收应付款项的管理模式）等详细信息，可以更加深刻地研究企业间"拖欠"的动因、症结和解决之道。第二，本书从企业内部（采购部门和财务部门）利益不一致导致企业不能有效承诺"准时付款"的角度建模，分析企业拖欠的原因和后果，但是我们无法直接观察到企业内部的这种摩擦，也就无法直接加以证明。传统文献往往把企业视为一个理性决策的"个体"，或者仅仅讨论管理层和股东利益不一致导致的"代理问题"，本书提供了另一个视角，把公司内部管理模式、部门冲突和公司整体的财务政策结合起来分析。如果能在传统的公司治理数据中加入更多地反映公司内部各部门协调的指标，可以更加细致、深入地研究公司内部结构对于公司整体表现的影响，可能更具有实际意义。第三，虽然本书作者在写作过程中通过网络资料查找和实地调研了解到一些具体案例，但是从整体来看，本书所论述的故事还需要结合更多实际案例进行分析。回归意义上的"显著"还需要与企业自身经营管理上的"重要"结合，以更好"接地气"。

7.2 政策建议

为了改善供应链上"拖欠"问题导致的不效率，政府可以从外部进行约束，促进企业间款项及时支付，改善法治环境和营商环境。基于前述分析，为了有效改善企业"欠账"问题，防控"三角债"风险，建议多措并举，盘活各类"应收款"资产，助力相关企业，尤其是中小企业获得资金支持。

一是加强制度设计，优化管理机制，推动立法、司法、行政形成合力。推动《保障中小企业款项支付条例》严格落地、发挥实效，严格打击恶意拖欠中小企业款项的现象。继续推行"清欠"政策并加强长效机制建设，在国家层面成立清欠防欠领导小组，由国家发改委牵头，针对关键产业链，精准识别资金周转的"症结"，要求对应企业加速账款给付，建议以 3 个月为限，对于超过 3 个月账期的应收应付款要求企业给出明确理由，必要时可以要求企业支付延期付款的利息。借鉴欧盟模式，探索对默认账期、罚息安排、争端处置机制等做出指引性规定，条件成熟时推动相关规定写入《中小企业促进法》。在清理大型企业对中小企业欠账的同时，引导中小企业改革自身付款模式，逐步形成普适性的"准时付款"规定，写入《公司法》。

二是进一步加强对企业欠账的监控和管理。建立拖欠信息共享机制，加强大型企业、大型上市公司逾期未支付中小企业账款情况的信息披露，做好商业汇票逾期信息披露工作。要求大型企业发布关于其付款模式的公开报告，对于账期过长的情况要求说明具体原因，且要求独立董事对企业的付款模式承担责任，并把"准时付款"纳入企业社会责任评价体系。对拖欠中小企业账款典型案例予以曝光，依法依规实施失信惩戒。

三是进一步强化公司内部治理机制，塑造"准时付款"的公司文化。推动大型企业和国有企业等享有优势市场地位的企业将"准时付款"纳入企业高管和财务部门的考核标准。目前，很多企业对财务部门的要求是"及时催收欠款"，而不关注"准时付款"，甚至认为财务部门拖欠付款的行为可以为企业节省财务费用。正如我们之前所论述的，这种拖欠行为可能"损人不利己"，迫使供应商提高中间产品价格以补偿其要承担的额外的资金成本，且扭曲了采购部门选取中间产品时的激励，尤其是当供应商本身面临较高的融资难度和融资成本时。从最大化公司利益的角度出发，股东和代表股东利益的董事会应该完善机制，推动财务部门和采购部门的利益协调，要求财务部门准时付款，避免拖欠。应引导企业加强"业财融合"数字化体系建设，推动业务部门与财务部门通过信息化技术实时共享业务流、资金流、信息流等数据，并基于价值目标共同进行管理活动，做出相关决策，从而改善公司内部协调机制，并推动企业间支付结算智能化、自动化的实现。

四是优化针对企业应收应付款的金融服务。一方面，扶持新型供应链金融业态，助力供应链远端企业借助核心企业商业信用获得融资。供应链金融是金融科技的重要用武之地，在抗击疫情的过程中已经初试牛刀。根据银登中心通告，2020 年 2 月 24 日，首单区块链应收款转让业务顺利落地，由浙商银行出让、天津银行受让，帮助火神山医院建设参与单位徐州徐工挖掘机械有限公司迅速获得融资，支持了抗击疫情相关工作。这是浙商银行利用区块链技术打通供应链企业融资渠道、降低实体经济融资成本的一大成功案例。应支持建设第三方供应链金融平台，推动商业票据的流转，使得核心企业开具的承兑汇票能够在企业网络中发挥"准货币"（用于多级供应商之间的结算）或者"担保品"（用于向金融机构或者其他企业融资）的作用，在缓解中小供应商资金压力的同时，为核心企业的现金流管理、负债结构管理、供应商管理提供更多、更灵活的选项，共同抗击疫情带来的负面冲击。同时，应注重新型供应链金融业态的风险防范，加强央行、工信部、银保监会、网信办等各部门的监管协调，落实《金融分布式账本技术安全规范》等监管要求，确保新型供应链金融创新真正服务于实体经济。另一方面，优化应收账款类不良资产的市场化处置机制。在此次疫情之前，不良资产已经开始困扰中国经济。不良资产处置力度不够，将严重制约我国金融系统效率。疫情导致企业现金流吃紧，各种应收应付款和贷款的违约概率上升，不良资产问题将进一步凸显。为了盘活"应收账款"类不良资产，应支持国内金融机构创新金融工具，同时有序推动不良资产管理领域的外资开放，引入国外经验丰富、模式先进、资金雄厚的不良资产管理公司，开展应收账款保理、应收票据贴现、应收票据交易等业务，既有助于为我国资产管理市场增添活力，又是履行我国扩大开放承诺的重要举措。

后 记

　　本书是在我 2019 年提交的博士论文基础上写作而成。博士求学期间，我作为清华大学团委和博士生实践服务团成员赴多地调研，在参访企业的过程中了解到各类应收账款和票据对企业现金流造成较大压力，尤其是以"承兑汇票"而非现金结算的情况相当普遍，汇票期限更是长达 6 个月甚至一年，这引发了作者的研究兴趣。尤其有趣的是，国外学术研究往往从"融资工具"的角度来理解企业间"欠账"行为，部分文献甚至认为包括商业信用在内的"非正规"融资渠道以及基于信誉和私人关系的外部治理机制是中国私有部门快速增长的"最重要因素"。这在逻辑上讲得通，且在部分情形下适用，但显然不符合多数民营企业尤其是中小型民营企业的感受和认知。《经济观察报》曾用"困在账期里"描述中小企业生存状况，其联合广东省中小企业发展促进会所做调研发现，逾七成企业遭遇款项拖欠困境，六成多的企业应收账款超 60 天，最长的是半年到一年。而这个问题也不局限于中国，欧美国家相关调查研究显示，大量企业表示客户欠账问题影响企业发展甚至事关企业存续。2018 年，国务院减轻企业负担部际联席会议发布《清理拖欠民营企业中小企业账款工作方案》，开启新一轮"清欠"行动，媒体和学界针对这一现象展开深入细致讨论，进一步凸显了相关研究的时代性，为本研究开展提供了诸多素材。

　　在论文写作过程中，导师李稻葵教授不仅手把手指导，还给予了强大的精神指引。李老师一直勉励我："敢于往灯光昏暗处找钥匙"，要针对具有现实意义的实际问题，根植于中国经济实践，重点研究政府与市场经济学，推动具有中国特色的经济学研究。此外，袁钢明教授、王红领教授、黄张凯教授以及张驰博士、胡思佳博士、郎昆博士曾阅读论文初稿并提出了重要建议。

我毕业后入职国家发展和改革委员会对外经济研究所（简称"外经所"）。外经所是研究我国开放发展战略和具体开放政策的重镇，有着雄厚研究底蕴和高素质研究团队，为我深化本研究提供了良好环境和大力支持。在相关老师的支持下，我在博士论文的基础上进一步深化研究，补充完善了新冠疫情肺炎以来的新情况，以及其他国家治理企业间拖欠问题的经验。我在撰写内部报告、参与若干省市发展规划研究的过程中，多次吸纳本研究的部分成果，尤其是关键理念和政策建议，多项成果获得有关方面肯定。

本书分析尚有不完善之处，恳盼读者不吝指出。期待更多学界政策界同仁从政府与市场经济学的角度，加大对企业间款项拖欠问题的关注和研究，并探索行之有效的政策体系。

陈大鹏

2022 年 7 月

参考文献

［1］Abad, P. L. , & Jaggi, C. K. A Joint Approach for Setting Unit Price and the Length of the Credit Period for a Seller When End Demand is Price Sensitive[J]. *International Journal of Production Economics*, 2003, 83（2）: 115–122.

［2］Allen, F. , Qian, J. , & Qian, M. Law, Finance, and Economic Growth in China[J]. *Journal of Financial Economics*, 2005, 77（1）: 57–116.

［3］Amberg, N. , Jacobson, T. , & von Schedvin, E. Trade Credit and Pricing: An Empirical Evaluation[J]. *Sveriges Riksbank Working Paper*, 2018.

［4］Ayyagari, M. , Demirg U C C Kunt, A. , & Maksimovic, V. Formal Versus Informal Finance: Evidence From China[J]. *The Review of Financial Studies*, 2010, 23（8）: 3048–3097.

［5］Baldenius, T. Intrafirm Trade, Bargaining Power, and Specific Investments[J]. *Review of Accounting Studies*, 2000, 5（1）: 27–56.

［6］Banerjee, S. , Dasgupta, S. , & Kim, Y. Buyer–Supplier Relationships and Trade Credit[J]. *HKUST Working Paper*, 2004.

［7］BARROT, J. Trade Credit and Industry Dynamics: Evidence From Trucking Firms[J]. *The Journal of Finance*, 2016, 71（5）: 1975–2016.

［8］Barrot, J., & Nanda, R. Can Paying Firms Quicker Affect Aggregate Employment?[J]. *NBER Working Paper*, 2016.

［9］Beaumont, P. , & Lenoir, C. Does Trade Credit Provision Dampen Firm

Growth? Evidence From Customer—Supplier Exports[J]. *Working Paper*, 2018.

[10]Bertrand, M. , & Mullainathan, S. Enjoying the Quiet Life? Corporate Governance and Managerial Preferences[J]. *Journal of Political Economy*, 2003, 111（5）: 1043–1075.

[11]Biais, B. , & Gollier, C. Trade Credit and Credit Rationing[J]. *The Review of Financial Studies*, 1997, 10（4）: 903–937.

[12]Bolton, P. , & Freixas, X. Equity, Bonds, and Bank Debt: Capital Structure and Financial Market Equilibrium Under Asymmetric Information[J]. *Journal of Political Economy*, 2000, 108（2）: 324–351.

[13]Booth, L. , Aivazian, V. , Demirguc—Kunt, A. , & Maksimovic, V. Capital Structures in Developing Countries[J]. *The Journal of Finance*, 2001, 56（1）: 87–130.

[14]Brügemann, B. , Gautier, P. , & Menzio, G. Intra Firm Bargaining and Shapley Values[J]. *The Review of Economic Studies*, 2018, 86（2）: 564–592.

[15]Byrd, J. W. , & Hickman, K. A. Do Outside Directors Monitor Managers?: Evidence From Tender Offer Bids[J]. *Journal of Financial Economics*, 1992, 32（2）: 195–221.

[16]Caniato, F. , Gelsomino, L. M. , Perego, A. , & Ronchi, S. Does Finance Solve the Supply Chain Financing Problem?[J]. *Supply Chain Management: An International Journal*, 2016, 21（5）: 534–549.

[17]Chen, D. , Cui, C. , & Pang, J. Value Outside the Ivory Tower: Professor—Directors and Corporate Performance in China[J]. *Working Paper（Unpublished Manuscripts）*, 2019.

[18]Chod, J. , Lyandres, E. , & Yang, S. A. Trade Credit and Supplier Competition[J]. *Journal of Financial Economics*, 2018, 131（2）: 484–505.

[19]Choi, J. , Hackbarth, D. , & Zechner, J. Corporate Debt Maturity

Profiles[J]. *Journal of Financial Economics*, 2018.

［20］Coase, R. H. The Nature of the Firm[J]. Economica, 1937, 4（16）: 386-405.

［21］Coles, J. L. , Daniel, N. D. , & Naveen, L. Board Advising[J]. *Working Paper Available at Ssrn: Https://Ssrn.Com/Abstract*=2002250., 2012.

［22］Colla, P. , Ippolito, F. , & Li, K. Debt Specialization[J]. *The Journal of Finance*, 2013, 68（5）: 2117-2141.

［23］Connell, W. Economic Impact of Late Payments[J]. *European Commission Economic Papers*, 2014.

［24］Cowton, C. J. , & San-Jose, L. On the Ethics of Trade Credit: Understanding Good Payment Practice in the Supply Chain[J]. *Journal of Business Ethics*, 2017, 140（4）: 673-685.

［25］Cunat, V. Trade Credit: Suppliers as Debt Collectors and Insurance Providers[J]. *The Review of Financial Studies*, 2006, 20（2）: 491-527.

［26］Dass, N. , Kale, J. R. , & Nanda, V. Trade Credit, Relationship-Specific Investment, and Product Market Power*[J]. *Review of Finance*, 2015, 19（5）: 1867-1923.

［27］DeANGELO, H. , & ROLL, R. How Stable are Corporate Capital Structures?[J]. *The Journal of Finance*, 2015, 70（1）: 373-418.

［28］DeMarzo, P. M. , & Fishman, M. J. Optimal Long-Term Financial Contracting[J]. *The Review of Financial Studies*, 2007, 20（6）: 2079-2128.

［29］Demirguc-Kunt, A. , & Maksimovic, V. Firms as Financial Intermediaries: Evidence From Trade Credit Data[J]. *World Bank Working Paper*, 2001.

［30］Diamond, D. W. Monitoring and Reputation: The Choice Between Bank Loans and Directly Placed Debt[J]. *Journal of Political Economy*, 1991, 99（4）: 689-721.

［31］Diamond, D. W. Seniority and Maturity of Debt Contracts[J]. *Journal of*

Financial Economics, 1993, 33（3）: 341−368.

［32］EDMANS, A. , GABAIX, X. , SADZIK, T. , & SANNIKOV, Y. Dynamic Ceo Compensation[J]. *The Journal of Finance*, 2012, 67（5）: 1603−1647.

［33］El Ghoul, S. , & Zheng, X. Trade Credit Provision and National Culture[J]. *Journal of Corporate Finance*, 2016, 41: 475−501.

［34］Fabbri, D. , & Klapper, L. F. Bargaining Power and Trade Credit[J]. *Journal of Corporate Finance*, 2016, 41: 66−80.

［35］Fabbri, D. , & Menichini, A. M. C. Trade Credit, Collateral Liquidation, and Borrowing Constraints[J]. *Journal of Financial Economics*, 2010, 96 （3）: 413−432.

［36］FANG, V. W. , HUANG, A. H. , & KARPOFF, J. M. Short Selling and Earnings Management: A Controlled Experiment[J]. *The Journal of Finance*, 2016, 71（3）: 1251−1294.

［37］Ferrando, A. , & Mulier, K. Do Firms Use the Trade Credit Channel to Manage Growth?[J]. *Journal of Banking & Finance*, 2013, 37（8）: 3035−3046.

［38］Ferris, S. P. , Jagannathan, M. , & Pritchard, A. C. Too Busy to Mind the Business? Monitoring by Directors with Multiple Board Appointments[J]. *The Journal of Finance*, 2003, 58（3）: 1087−1111.

［39］Fisman, R. , & Raturi, M. Does Competition Encourage Credit Provision? Evidence From African Trade Credit Relationships[J]. *Review of Economics and Statistics*, 2004, 86（1）: 345−352.

［40］Freeman, K. The Economics of Trade Credit: Risk and Power[J]. *Kelley School of Business Research Paper* No. 18−77, 2018.

［41］Garcia−Appendini, E. , & Montoriol−Garriga, J. Firms as Liquidity Providers: Evidence From the 2007‐2008 Financial Crisis[J]. *Journal of Financial Economics*, 2013, 109（1）: 272−291.

［42］Garcia−Appendini, E. , & Montoriol−Garriga, J. Trade Credit Use as

Firms Approach Default[J]. *SSRN Working Paper*, 2018.

［43］Ge, Y. , & Qiu, J. Financial Development, Bank Discrimination and Trade Credit[J]. *Journal of Banking & Finance*, 2007, 31（2）: 513−530.

［44］Gonçalves, A. B. , Schiozer, R. F. , & Sheng, H. H. Trade Credit and Product Market Power During a Financial Crisis[J]. *Journal of Corporate Finance*, 2018, 49: 308−323.

［45］Goto, S. , Xiao, G. , & Xu, Y. As Told by the Supplier: Trade Credit and the Cross Section of Stock Returns[J]. *Journal of Banking & Finance*, 2015, 60: 296−309.

［46］Hauser, R. Busy Directors and Firm Performance: Evidence From Mergers[J]. *Journal of Financial Economics*, 2018, 128（1）: 16−37.

［47］Hill, M. D. , Kelly, G. W. , Preve, L. A. , & Sarria−Allende, V. Trade Credit Or Financial Credit? An International Study of the Choice and its Influences[J]. *Emerging Markets Finance and Trade*, 2017, 53（10）: 2318−2332.

［48］Hu, M. , Qian, Q. , & Yang, S. A. Financial Pooling in a Supply Chain[J]. *Rotman School of Management Working Paper* No. 2783833, 2018.

［49］John, K. , Kaviani, M. , Kryzanowski, L. , & Maleki, H. Creditor Rights and Corporate Debt Structures[J]. *Fox School of Business Research Paper* No.18−012., 2018.

［50］Johnson, S. , LaPorta, R. , Lopez−de−Silanes, F. , & Shleifer, A. Tunneling[J]. *American Economic Review Papers and Proceedings*, 2000, 90（2）: 22−27.

［51］KARPOFF, J. M. , & LOU, X. Short Sellers and Financial Misconduct[J]. *The Journal of Finance*, 2010, 65（5）: 1879−1913.

［52］La Porta, R. , de Silanes, F. L. , Shleifer, A. , & Vishny, R. W. Law and Finance[J]. *Journal of Political Economy*, 1998, 106（6）: 1113−1155.

[53]Lee, C. H. , & Rhee, B. Trade Credit for Supply Chain Coordination[J]. *European Journal of Operational Research*, 2011, 214（1）: 136-146.

[54]Lee, Y. W. , & Stowe, J. D. Product Risk, Asymmetric Information, and Trade Credit[J]. *Journal of Financial and Quantitative Analysis*, 1993, 28（2）: 285-300.

[55]Lehar, A. , Song, Y. , & Yuan, L. Industry Structure and the Strategic Provision of Trade Credit by Upstream Firms[J]. *Available at Ssrn* 2143687, 2016.

[56]Li, X. , Lin, C. , & Zhan, X. Does Change in Information Environment Affect the Choice Between Bank Debt and Public Debt?[J]. *Working Paper*, 2015.

[57]Lin, L. Collateral and the Choice Between Bank Debt and Public Debt[J]. *Management Science*, 2015, 62（1）: 111-127.

[58]Lin, T. , & Chou, J. Trade Credit and Bank Loan: Evidence From Chinese Firms[J]. *International Review of Economics & Finance*, 2015, 36: 17-29.

[59]Longhofer, S. D. , & Santos, J. A. C. The Paradox of Priority[J]. *Financial Management, 2003, 32（1）: 69-81.*

[60]Lou, Y. , & Otto, C. A. Debt Heterogeneity and Covenants[J]. *SSRN Working Paper*, 2016.

[61]Love, I. , Preve, L. A. , & Sarria-Allende, V. Trade Credit and Bank Credit: Evidence From Recent Financial Crises[J]. *Journal of Financial Economics*, 2007, 83（2）: 453-469.

[62]Massa, M. , Zhang, B. , & Zhang, H. Governance through Threat: Does Short Selling Improve Internal Governance?[J]. *SSRN Working Paper*, 2013.

[63]Masulis, R. W. , & Zhang, E. J. How Valuable are Independent Directors? Evidence From External Distractions[J]. *Journal of Financial Economics*, 2018.

［64］McMillan, J. , & Woodruff, C. Interfirm Relationships and Informal Credit in Vietnam[J]. *The Quarterly Journal of Economics*, 1999, 114（4）: 1285−1320.

［65］MIAN, S. L. , & SMITH JR., C. W. Accounts Receivable Management Policy: Theory and Evidence[J]. *The Journal of Finance*, 1992, 47（1）: 169−200.

［66］Morck, R. , Shleifer, A. , & Vishny, R. W. Management Ownership and Market Valuation: An Empirical Analysis[J]. *Journal of Financial Economics*, 1988, 20: 293−315.

［67］Mudambi, R. , & Navarra, P. Divisional Power, Intra− Firm Bargaining and Rent− Seeking Behavior in Multidivisional Corporations[J]. *Economics Bulletin*, 2004, 4（13）: 1−10.

［68］Ng, C. K. , Smith, J. K. , & Smith, R. L. Evidence On the Determinants of Credit Terms Used in Interfirm Trade[J]. *The Journal of Finance*, 1999, 54（3）: 1109−1129.

［69］Nilsen, J. H. Trade Credit and the Bank Lending Channel[J]. *Journal of Money, Credit and Banking*, 2002: 226−253.

［70］Niskanen, J. , & Niskanen, M. The Determinants of Corporate Trade Credit Policies in a Bank−Dominated Financial Environment: The Case of Finnish Small Firms[J]. *European Financial Management*, 2006, 12（1）: 81−102.

［71］North, D. C. Institutions[J]. *Journal of Economic Perspectives*, 1991, 5（1）: 97−112.

［72］North, D. C. , & Weingast, B. R. Constitutions and Commitment: The Evolution of Institutions Governing Public Choice in Seventeenth−Century England[J]. *The Journal of Economic History*, 1989, 49（4）: 803−832.

［73］Park, C. Monitoring and Structure of Debt Contracts[J]. *The Journal of Finance*, 2000, 55（5）: 2157−2195.

［74］Peel, M. J. , Wilson, N. , & Howorth, C. Late Payment and Credit

Management in the Small Firm Sector: Some Empirical Evidence[J]. *International Small Business Journal*, 2000, 18（2）: 17-37.

[75] Petersen, M. A. , & Rajan, R. G. Trade Credit: Theories and Evidence[J]. *The Review of Financial Studies*, 1997, 10（3）: 661-691.

[76] Pike, R. , Cheng, N. S. , Cravens, K. , & Lamminmaki, D. Trade Credit Terms: Asymmetric Information and Price Discrimination Evidence From Three Continents[J]. *Journal of Business Finance \& Accounting*, 2005, 32（5 - 6）: 1197-1236.

[77] Rajan, R. G. , & Zingales, L. What Do we Know About Capital Structure? Some Evidence From International Data[J]. *The Journal of Finance*, 1995, 50（5）: 1421-1460.

[78] Rauh, J. D. , & Sufi, A. Capital Structure and Debt Structure[J]. *The Review of Financial Studies*, 2010, 23（12）: 4242-4280.

[79] Renner, M. J. Prompt Payment Act: An Interest（Ing）Remedy for Government Late Payment[J]. *Public Contract Law Journal*, 1991: 177-278.

[80] Stole, L. A. , & Zwiebel, J. Intra-Firm Bargaining Under Non-Binding Contracts[J]. *The Review of Economic Studies*, 1996, 63（3）: 375-410.

[81] Van Horen, N. Customer Market Power and the Provision of Trade Credit: Evidence From Eastern Europe and Central Asia[J]. *World Bank Working Paper*, 2007.

[82] Vig, V. Access to Collateral and Corporate Debt Structure: Evidence From a Natural Experiment[J]. *The Journal of Finance*, 2013, 68（3）: 881-928.

[83] Wang, C. , Chiu, W. , & King, T. D. Debt Maturity Dispersion and Bank Loan Covenants[J]. *Working Paper*, 2017.

[84] Xia, C. , Zhang, X. , Cao, C. , & Xu, N. Independent Director Connectedness in China: An Examination of the Trade Credit Financing Hypothesis[J]. *International Review of Economics & Finance*, 2018.

［85］Yang, S. A., & Birge, J. R. Trade Credit, Risk Sharing, and Inventory Financing Portfolios[J]. *Management Science*, 2018, 64（8）: 3667-3689.

［86］Zhang, M., Ma, L., Su, J., & Zhang, W. Do Suppliers Applaud Corporate Social Performance?[J]. *Journal of Business Ethics*, 2014, 121（4）: 543-557.

［87］Zhou, X. Understanding the Determinants of Managerial Ownership and the Link Between Ownership and Performance: Comment[J]. *Journal of Financial Economics*, 2001, 62（3）: 559-571.

［88］丁杰，黄金波，郑军. 企业社会责任信息与信贷资源的二次配置 [J]. 华东经济管理，2017, 31（08）: 131-138.

［89］中国财政科学研究院降成本课题组. 降成本：2017 年的调查与分析 [J]. 财政研究，2017（10）: 2-29.

［90］任永平，韩昳荻，任赛德. 账龄分析视角下的应收账款坏账计提研究——基于沪深 A 股上市公司数据 [J]. 财会通讯，2018（28）: 23-26.

［91］余明桂，潘红波. 金融发展、商业信用与产品市场竞争 [J]. 管理世界，2010（08）: 117-129.

［92］刘浩，唐松，楼俊. 独立董事：监督还是咨询？——银行背景独立董事对企业信贷融资影响研究 [J]. 管理世界，2012（01）: 141-156.

［93］叶康涛，陆正飞，张志华. 独立董事能否抑制大股东的"掏空"?[J]. 经济研究，2007（04）: 101-111.

［94］唐鹏程，杨树旺. 企业社会责任投资模式研究：基于价值的判断标准 [J]. 中国工业经济，2016（07）: 109-126.

［95］国务院第三次全国经济普查领导小组办公室. 中国经济普查年鉴 2013[M]. 北京：中国统计出版社，2013.

［96］宋华. 中国供应链金融的发展趋势 [J]. 中国流通经济，2019（03）: 3-9.

［97］工业和信息化部中小企业局. 国外防止延迟支付法律文件汇编 [M]. 北京：知识产权出版社，2018.

［98］常欣中国社会科学院国家金融与发展实验室李扬张晓晶，中国国家资产负债表 2015：杠杆调整与风险管理，中国社会科学报，2015.

［99］张会丽，吴有红．内部控制、现金持有及经济后果［J］．会计研究，2014（03）：71-78．

［100］张杰，冯俊新．中国有企业业间货款拖欠的影响因素及其经济后果［J］．经济理论与经济管理，2011（07）：87-98．

［101］张杰，刘东．商业信贷、融资约束与我国中小企业融资行为——基于江苏省制造业企业的问卷观测和实证分析［J］．金融论坛，2006（10）：3-9．

［102］曹向，匡小平．制度环境与商业信用融资有效性［J］．当代财经，2013（05）：115-128．

［103］朱恒鹏．管制的内生性及其后果：以医药价格管制为例［J］．世界经济，2011，34（07）：64-90．

［104］李任斯．供应链关系、商业信用融资与企业价值，2016：178．

［105］李增泉，孙铮，王志伟．"掏空"与所有权安排——来自我国上市公司大股东资金占用的经验证据［J］．会计研究，2004（12）：3-13．

［106］李志生，李好，马伟力，林秉旋．融资融券交易的信息治理效应［J］．经济研究，2017，52（11）：150-164．

［107］李志生，杜爽，林秉旋．卖空交易与股票价格稳定性——来自中国融资融券市场的自然实验［J］．金融研究，2015（06）：173-188．

［108］李志生，陈晨，林秉旋．卖空机制提高了中国股票市场的定价效率吗？——基于自然实验的证据［J］．经济研究，2015，50（04）：165-177．

［109］李扬，张晓晶，常欣．中国国家资产负债表2015：杠杆调整与风险管理［M］．北京：中国社会科学出版社，2015．

［110］李晋丰．股权结构、企业社会责任与公司财务绩效实证研究［J］．重庆工商大学学报（社会科学版），2018，35（03）：60-66．

［111］李栋栋，陈涛琴．卖空压力影响公司融资约束吗——基于中国A股上市公司的实证证据［J］．经济理论与经济管理，2017（10）：71-87．

［112］李正．企业社会责任与企业价值的相关性研究——来自沪市上市公司的经验证据［J］．中国工业经济，2006（02）：77-83．

[113]中国人民银行杠杆率研究课题组．中国经济杠杆率水平评估及潜在风
险研究 [J]．金融监管研究，2014（05）：23-38.

[114]何绿野．国有企业"三角债"的症结与治理 [J]．经济纵横，1996（10）：
11-15.

[115]倪骁然，朱玉杰．卖空压力影响企业的风险行为吗？——来自 A 股市
场的经验证据 [J]．经济学（季刊），2017，16（03）：1173-1198.

[116]刘仁伍，盛文军．商业信用是否补充了银行信用体系 [J]．世界经济，
2011（11）：103-120.

[117]刘娥平，关静怡．商业信用对企业非效率投资的双向治理 [J]．管理科
学，2016，29（06）：131-144.

[118]刘晓欣，宋立义，梁志杰．中国实体经济"账期"问题及对策 [J]．经
济与管理研究，2017，38（01）：3-15.

[119]刘欢．市场地位、商业信用与企业投资效率 [J]．中央财经大学学报，
2019（01）：51-66.

[120]刘行，赵健宇，叶康涛．企业避税、债务融资与债务融资来源——基
于所得税征管体制改革的断点回归分析 [J]．管理世界，2017（10）：
113-129.

[121]刘计含，王建琼．企业社会责任与资本约束——来自中国上市公司的
证据 [J]．管理评论，2012，24（11）：151-157.

[122]刘贯春，张军，刘媛媛．金融资产配置、宏观经济环境与企业杠杆率
[J]．世界经济，2018，41（01）：148-173.

[123]吴娜，于博，孙利军．商业信用融资与银行信贷融资的多重结构突
变——基于面板门限的非线性关系分析 [J]．南开管理评论，2017，20
（04）：73-81.

[124]孙浦阳，李飞跃，顾凌骏．商业信用能否成为企业有效的融资渠
道——基于投资视角的分析 [J]．经济学（季刊），2014，13（04）：
1637-1652.

[125]宋怡青，李欣．周正庆回忆清理三角债始末 [J]．发展，2015（03）：
60-62.

［126］张义刚，唐小我．部分延期付款下的制造商决策与供应链协调 [J]．管理学报，2012，9（10）：1536-1542.

［127］张新民，王珏，祝继高．市场地位、商业信用与企业经营性融资 [J]．会计研究，2012（08）：58-65.

［128］张杰，刘元春，翟福昕，芦哲．银行歧视、商业信用与企业发展 [J]．世界经济，2013，36（09）：94-126.

［129］张正勇，邓博夫．企业社会责任、货币政策与商业信用融资 [J]．科研管理，2018，39（05）：94-102.

［130］徐晓萍，李猛．商业信用的提供：来自上海市中小企业的证据 [J]．金融研究，2009（06）：161-174.

［131］李兰云，王宗浩，阚立娜．内部控制与企业社会责任履行——基于代理成本的中介效应检验 [J]．南京审计大学学报，2019，16（01）：28-36.

［132］李心合，王亚星，叶玲．债务异质性假说与资本结构选择理论的新解释 [J]．会计研究，2014（12）：3-10.

［133］李薇，程曦，成群蕊．放松卖空管制与企业商业信用融资——基于产权性质和股权结构影响的实证研究 [J]．金融与经济，2018（11）：36-42.

［134］江伟，曾业勤．金融发展、产权性质与商业信用的信号传递作用 [J]．金融研究，2013（06）：89-103.

［135］王岩琴．日本施行《防止拖延支付转包费法》确保公平交易和保护中小企业利益 [J]．中国经贸导刊，2007（06）：36-37.

［136］王彦超．金融抑制与商业信用二次配置功能 [J]．经济研究，2014，49（06）：86-99.

［137］王振川．国务院清理三角债领导小组副组长周正庆就三角债问题接受《人民日报》记者专访，2014.

［138］白重恩，路江涌，陶志刚．中国私营企业银行贷款的经验研究 [J]．经济学（季刊），2005（02）：605-622.

［139］石晓军，张顺明，李杰．商业信用对信贷政策的抵消作用是反周期的

吗？来自中国的证据 [J]. 经济学（季刊），2010，9（01）：213–236.

[140] 聂辉华，江艇，杨汝岱. 中国工业企业数据库的使用现状和潜在问题 [J]. 世界经济，2012，35（05）：142–158.

[141] 蒋琰. 权益成本、债务成本与公司治理：影响差异性研究 [J]. 管理世界，2009（11）：144–155.

[142] 褚剑，方军雄，于传荣. 卖空约束放松与银行信贷决策 [J]. 金融研究，2017（12）：111–126.

[143] 谢剑钢. 格力电器的采购控制 [J]. 电器制造商，2000（05）：64–65.

[144] 谢昕琰，楼晓玲. 制度压力下的企业研发投入与社会责任——基于中国私营企业调查数据的实证研究 [J]. 华东理工大学学报（社会科学版），2018，33（01）：9–20.

[145] 贾兴平，刘益. 外部环境、内部资源与企业社会责任 [J]. 南开管理评论，2014，17（06）：13–18.

[146] 贾康. 地方债务应逐步透明化 [J]. 中国金融，2010（16）：13–15.

[147] 赵胜民，张博超. 商业信用与银行信贷能相互替代吗——基于2000-2018年中国上市公司数据的实证分析 [J]. 上海金融，2019（01）：16–23.

[148] 郭鹏飞，孙培源. 资本结构的行业特征：基于中国上市公司的实证研究 [J]. 经济研究，2003，5（5）：66–73.

[149] 陆瑶，彭章，冯佳琪. 融资融券对上市公司治理影响的研究 [J]. 管理科学学报，2018，21（11）：92–111.

[150] 陈光金，吕鹏，林泽炎，宋娜. 中国私营企业调查25周年：现状与展望 [J]. 南开管理评论，2018（6）：17–27.

[151] 陈启农，周宇润. 关于大型国有企业供应链金融模式的思考 [J]. 上海金融，2018（02）：79–81.

[152] 陈晖丽，刘峰. 融资融券的治理效应研究——基于公司盈余管理的视角 [J]. 会计研究，2014（09）：45–52.

[153] 陈胜蓝，马慧. 贷款可获得性与公司商业信用——中国利率市场化改革的准自然实验证据 [J]. 管理世界，2018，34（11）：108–120.

［154］靳庆鲁，侯青川，李刚，谢亚茜. 放松卖空管制、公司投资决策与期权价值 [J]. 经济研究，2015，50（10）：76-88.

［155］顾乃康，周艳利. 卖空的事前威慑、公司治理与企业融资行为——基于融资融券制度的准自然实验检验 [J]. 管理世界，2017（02）：120-134.

［156］饶品贵，姜国华. 货币政策对银行信贷与商业信用互动关系影响研究 [J]. 经济研究，2013，48（01）：68-82.

［157］马骏，张晓蓉，李治国. 中国国家资产负债表研究 [M]. 北京：社会科学文献出版社，2012.

［158］马骏，张晓蓉，李治国，等. 中国国家资产负债表研究 [M]. 北京：社会科学文献出版社，2012.

［159］魏群. 企业生命周期、债务异质性与非效率投资 [J]. 山西财经大学学报，2018（1）：96-111.

［160］李正，向锐. 中国有企业业社会责任信息披露的内容界定、计量方法和现状研究 [J]. 会计研究，2007（07）：3-11.

［161］桂云苗，秦丽萍，张廷龙. 延期付款与零售商努力的供应链协调研究 [J]. 经济经纬，2011（04）：91-95.

［162］樊纲. 企业间债务与宏观经济波动（上）[J]. 经济研究，1996（03）：3-12.

［163］樊纲. 企业间债务与宏观经济波动（下）[J]. 经济研究，1996（04）：3-12.

［164］汪金祥，吴育辉，吴世农. 我国上市公司零负债行为研究：融资约束还是财务弹性？[J]. 管理评论，2016，28（06）：32-41.

［165］王化成，刘欢，高升好. 经济政策不确定性、产权性质与商业信用 [J]. 经济理论与经济管理，2016（05）：34-45.

［166］王明虎. 信贷政策、企业规模和商业信用传递 [J]. 会计之友，2015（23）：2-9.

［167］王明虎，席彦群. 资产规模、融资路径与商业信用供给 [J]. 商业经济与管理，2013（02）：50-56.

[168] 王海兵, 韩彬. 社会责任、内部控制与企业可持续发展——基于 A 股主板上市公司的经验分析 [J]. 北京工商大学学报（社会科学版）, 2016, 31（01）: 75-84.

[169] 王雄元, 彭旋, 王鹏. 货币政策、稳定客户关系与强势买方商业信用 [J]. 财务研究, 2015（06）: 31-40.

[170] 石晓军, 张顺明. 商业信用、融资约束及效率影响 [J]. 经济研究, 2010, 45（01）: 102-114.

[171] 程新生, 程菲. 开发支出与商业信用研究 [J]. 中国软科学, 2016（01）: 109-120.

[172] 童盼, 陆正飞. 负债融资、负债来源与企业投资行为——来自中国上市公司的经验证据 [J]. 经济研究, 2005（05）: 75-84.

[173] 纪敏, 严宝玉, 李宏瑾. 杠杆率结构、水平和金融稳定 -- 理论分析框架和中国经验 [J]. 金融研究, 2017（02）: 11-25.

[174] 胡建雄, 邵志翔, 易志高. 企业债务异质性对过度投资行为的影响研究——基于我国上市公司样本的分析 [J]. 山西财经大学学报, 2015（05）: 100-112.

[175] 苏汝劼, 冯晗. 商业信用与企业规模的负相关关系——基于关系网络的理论分析与实证检验 [J]. 经济理论与经济管理, 2009（03）: 66-71.

[176] 谢平. 货币紧缩政策的宏观效果 [J]. 中国金融, 1990（01）: 23-25.

[177] 郑军, 林钟高, 彭琳. 高质量的内部控制能增加商业信用融资吗?——基于货币政策变更视角的检验 [J]. 会计研究, 2013（06）: 62-68.

[178] 郭永清. 中国有企业业业财融合问题研究 [J]. 会计之友, 2017（15）: 47-55.

[179] 钟宁桦, 刘志阔, 何嘉鑫, 苏楚林. 我国有企业业债务的结构性问题 [J]. 经济研究, 2016（07）: 102-117.

[180] 陆正飞, 杨德明. 商业信用: 替代性融资, 还是买方市场?[J]. 管理世界, 2011（04）: 6-14.

[181] 靳小翠. 企业文化会影响企业社会责任吗?——来自中国沪市上市公司的经验证据 [J]. 会计研究, 2017（02）: 56-62.

[182] 马黎珺，张敏，伊志宏. 供应商—客户关系会影响企业的商业信用吗——基于中国上市公司的实证检验 [J]. 经济理论与经济管理，2016（02）：98-112.

[183] 黄珍，李婉丽，高伟伟. 上市公司的零杠杆政策选择研究 [J]. 中国经济问题，2016（01）：110-123.